การเรียนรู้ฮันกึลพื้นฐานเพื่อผู้ใช้ภาษาไทย

태국어를 사용하는 국민을 위한

기초 한글배우기

① 기초편

ฉบับที่ 1 ฉบับพื้นฐาน

권용선 저

태국어로 한글배우기

เรียนฮันกึลด้วยภาษาไทย

■ 세종대왕(조선 제4대 왕)
พระเจ้าเซจงมหาราช
(กษัตริย์องค์ที่ 4 แห่งราชวงศ์โชซอน)

대한민국 대표한글
K-한글
www.k-hangul.kr

■ 세종대왕 탄신 627돌(2024.5.15) 숭모제전
- 분향(焚香) 및 헌작(獻爵), 독축(讀祝), 사배(四拜), 헌화(獻花),
  망료례(望燎禮), 예필(禮畢), 인사말씀(국무총리)

■ 무용 : 봉래의(鳳來儀) | 국립국악원 무용단
- '용비어천가'의 가사를 무용수들이 직접 노래하고 춤을 춤으로써
  비로소 시(詩), 가(歌), 무(舞)가 합일하는 악(樂)을 완성하는 장면

■ 영릉(세종·소헌왕후)
조선 제4대 세종대왕과 소헌왕후 심씨를 모신 합장릉이다.
세종대왕은 한글을 창제하고 혼천의를 비롯한 여러 과학기기를 발명하는 등 재위기간 중 뛰어난 업적을
이룩하였다.

■ 소재지(Location): 대한민국 경기도 여주시 세종대왕면 영릉로 269-10

■ 대표 업적
- 한글 창제: 1443년(세종 25년)~1446년 9월 반포
- 학문 창달
- 과학의 진흥
- 외치와 국방
- 음악의 정리
- 속육전 등의 법전 편찬 및 정리
- 각종 화학 무기 개발

※มรดกโลกทางวัฒนธรรม ยูเนสโก※
■ ยองริง(เซจง·พระมเหสีโซฮอน)
เป็นสุสานหลวงของพระเจ้าเซจงมหาราชองค์ที่ 4 แห่งราชวงศ์โชซอนและพระมเหสีโซฮอน
สกุลชิม พระเจ้าเซจงมหาราชได้สำเร็จผลงานที่แสนโดดเด่นในขณะที่ท่านครองราชย์
เช่น ประดิษฐ์ฮันกึลและคิดค้นเครื่องมือทางวิทยาศาสตร์มากมาย เช่น โฮนชอนอึย
ซึ่งเป็นอุปกรณ์ตรวจสอบการเคลื่อนที่ของดวงดาว

■ ที่ตั้ง(Location): 269-10 ยองริงโร ตำบลเซจงแดวัง จังหวัดยอจู คยองกีโด ประเทศเกาหลีใต้

■ ผลงานหลัก
- ประดิษฐ์ฮันกึล: ปี 1443(ปีครองราชย์ที่ 25 ของเซจง)~ เผยแพร่ในเดือน กันยายน ปี 1446
- การพัฒนาวิชาการ
- การส่งเสริมวิทยาศาสตร์
- การทูตและปกป้องประเทศ
- จัดการดนตรี
- จัดพิมพ์และจัดเก็บประมวลกฎหมาย เช่น ซกยุกจอน เป็นต้น
- พัฒนาอาวุธเคมีแต่ละชนิด

머리말 **บทนำ**

Let's learn Hangul!

ฮันกึลประกอบด้วยคำและเสียงที่ผสมกันของพยัญชนะ 14 ตัว, สระ 10 ตัว, นอกจากนั้นยังมีพยัญชนะควบและสระควบ คำผสมฮันกึลมีอยู่ประมาณ 11,170 ตัว และ 30% ในนั้นถูกใช้อยู่เป็นหลัก หนังสือเล่มนี้แบ่งไปด้วยเนื้อหาตามภาษาเกาหลีที่ใช้ในชีวิตประจำวัน และได้ถูกพัฒนาตามหัวข้อต่อไปนี้เป็นหลัก

- ประกอบด้วยเนื้อหาการเรียนรู้เบื้องต้นโดยเป็นการเรียนรู้พื้นฐานของพยัญชนะและสระของฮันกึล
- ให้เรียนรู้พื้นฐานในการใช้ฮันกึลอย่างถูกต้องโดยการสอนลำดับการเขียนของฮันกึล
- จัดสรรหน้ากระดาษหลายแผ่นในการเขียน' เพื่อให้เรียนรู้ฮันกึลได้อย่างเป็นธรรมชาติผ่านการฝึกเขียนซ้ำ.
- มีคู่มือที่สามารถเรียนรู้ควบคู่ไปกับหนังสือเรียนได้ที่เว็บไซต์ (www.K-hangul.kr)
- ส่วนเนื้อหาประกอบด้วยตัวอักษรหรือคำศัพท์ที่ใช้ในชีวิตประจำวันของเกาหลีบ่อย ๆ
- ลดเนื้อหาที่เกี่ยวกับฮันกึลที่ไม่ได้ใช้บ่อย และรวบรวมแต่เนื้อหาที่จำเป็น

การเรียนภาษาคือการเรียนวัฒนธรรม และถือว่าเป็นโอกาสเปิดกว้างทางความคิด หนังสือเล่มนี้เป็นหนังสือเรียนที่สอนพื้นฐานของการเรียนรู้ฮันกึล หากคุณตั้งใจเรียนรู้เนื้อหาอย่างละเอียด คุณจะสามารถเข้าใจได้ทั้งฮันกึล วัฒนธรรมและเจตนารมณ์ของเกาหลีได้อย่างกว้างขวาง ขอบคุณ

k-hangul Publisher: Kwon, Yong-sun

한글은 자음 14자, 모음 10자 그 외에 겹자음과 겹모음의 조합으로 글자가 이루어지며 소리를 갖게 됩니다. 한글 조합자는 약 11,170자로 이루어져 있는데, 그중 30% 정도가 주로 사용되고 있습니다. 이 책은 실생활에서 자주 사용하는 우리말을 토대로 내용을 구성하였고, 다음 사항을 중심으로 개발 되었습니다.

- 한글의 자음과 모음을 기초로 배우는 기본학습내용으로 이루어져 있습니다.
- 한글의 필순을 제시하여 올바른 한글 사용의 기초를 튼튼히 다지도록 했습니다.
- 반복적인 쓰기 학습을 통해 자연스레 한글을 습득할 수 있도록 '쓰기'에 많은 지면을 할애하였습니다.
- 홈페이지(www.k-hangul.kr)에 교재와 병행 학습할 수 있는 자료를 제공하고 있습니다.
- 한국의 일상생활에서 자주 사용되는 글자나 낱말을 중심으로 내용을 구성하였습니다.
- 사용빈도가 높지 않은 한글에 대한 내용은 줄이고 꼭 필요한 내용만 수록하였습니다.

언어를 배우는 것은 문화를 배우는 것이며, 사고의 폭을 넓히는 계기가 됩니다. 이 책은 한글 학습에 기본이 되는 교재이므로 내용을 꼼꼼하게 터득하면 한글은 물론 한국의 문화와 정신까지 폭넓게 이해하게 될 것입니다.

※참고 : 본 교재는 ❶기초편으로, ❷문장편 ❸대화편 ❹생활 편으로 구성되어 출간 판매 중에 있습니다.
　　หมายเหตุ: หนังสือเรียนเล่มนี้แบ่งจำหน่ายเป็น ❶ฉบับพื้นฐาน, ❷ฉบับประโยค ❸ฉบับบทสนทนา ❹ฉบับการใช้ชีวิต

※판매처 : 교보문고, 알라딘, yes24, 네이버, 쿠팡 등
　　ตัวแทนจำหน่าย: Kyobo Book Centre, Aladin, yes24, Naver, Coupang และอื่น ๆ

저자 **권용선**

차례 สารบัญ

머리말(บทนำ)

제1장
자음
บทที่ 1 พยัญชนะ
5

제2장
모음
บทที่ 2 สระ
9

제3장
겹자음과 겹모음
บทที่ 3 พยัญชนะควบและสร
ะควบ
13

제4장
음절표
บทที่ 4 ตารางพยางค์
17

제5장
자음과 겹모음
บทที่ 5 พยัญชนะและสระควบ
39

제6장
주제별 낱말
บทที่ 6 คำศัพท์ในแต่ละหัวข้อ
63

부록
부록 주제별 단어
ภาคผนวก-คำศัพท์ในแต่ละหัวข้อ
152

제1장

자음

บทที่ 1
พยัญชนะ

01 자음 [พยัญชนะ]

월   일

자음 읽기 [การอ่านพยัญชนะ]

ㄱ	ㄴ	ㄷ	ㄹ	ㅁ
기역(Giyeok)	니은(Nieun)	디귿(Digeut)	리을(Rieul)	미음(Mieum)
ㅂ	ㅅ	ㅇ	ㅈ	ㅊ
비읍(Bieup)	시옷(Siot)	이응(Ieung)	지읒(Jieut)	치읓(Chieut)
ㅋ	ㅌ	ㅍ	ㅎ	
키읔(Kieuk)	티읕(Tieut)	피읖(Pieup)	히읗(Hieut)	

자음 쓰기 [การเขียนพยัญชนะ]

ㄱ	ㄴ	ㄷ	ㄹ	ㅁ
기역(Giyeok)	니은(Nieun)	디귿(Digeut)	리을(Rieul)	미음(Mieum)
ㅂ	ㅅ	ㅇ	ㅈ	ㅊ
비읍(Bieup)	시옷(Siot)	이응(Ieung)	지읒(Jieut)	치읓(Chieut)
ㅋ	ㅌ	ㅍ	ㅎ	
키읔(Kieuk)	티읕(Tieut)	피읖(Pieup)	히읗(Hieut)	

💬 O2 자음 [พยัญชนะ]

🎵 자음 익히기 [การฝึกพยัญชนะ]

다음 자음을 쓰는 순서에 맞게 따라 쓰세요.
(โปรดเขียนพยัญชนะต่อไปนี้ตามลำดับการเขียน)

자음 พยัญชนะ	이름 ชื่อ	쓰는 순서 ลำดับการเ ขียน	영어 표기 ภาษาอัง กฤษ	쓰기 การเขียน						
ㄱ	기역		Giyeok	ㄱ						
ㄴ	니은		Nieun	ㄴ						
ㄷ	디귿		Digeut	ㄷ						
ㄹ	리을		Rieul	ㄹ						
ㅁ	미음		Mieum	ㅁ						
ㅂ	비읍		Bieup	ㅂ						
ㅅ	시옷		Siot	ㅅ						
ㅇ	이응		Ieung	ㅇ						
ㅈ	지읒		Jieut	ㅈ						
ㅊ	치읓		Chieut	ㅊ						
ㅋ	키읔		Kieuk	ㅋ						
ㅌ	티읕		Tieut	ㅌ						
ㅍ	피읖		Pieup	ㅍ						
ㅎ	히읗		Hieut	ㅎ						

03 한글 자음과 모음표 [ตารางพยัญชนะและสระฮันกึล]

월   일

※참고 : 음절표(18p~37P)에서 학습할 내용

mp3 자음 모음	ㅏ (아)	ㅑ (야)	ㅓ (어)	ㅕ (여)	ㅗ (오)	ㅛ (요)	ㅜ (우)	ㅠ (유)	ㅡ (으)	ㅣ (이)
ㄱ (기역)	가	갸	거	겨	고	교	구	규	그	기
ㄴ (니은)	나	냐	너	녀	노	뇨	누	뉴	느	니
ㄷ (디귿)	다	댜	더	뎌	도	됴	두	듀	드	디
ㄹ (리을)	라	랴	러	려	로	료	루	류	르	리
ㅁ (미음)	마	먀	머	며	모	묘	무	뮤	므	미
ㅂ (비읍)	바	뱌	버	벼	보	뵤	부	뷰	브	비
ㅅ (시옷)	사	샤	서	셔	소	쇼	수	슈	스	시
ㅇ (이응)	아	야	어	여	오	요	우	유	으	이
ㅈ (지읒)	자	쟈	저	져	조	죠	주	쥬	즈	지
ㅊ (치읓)	차	챠	처	쳐	초	쵸	추	츄	츠	치
ㅋ (키읔)	카	캬	커	켜	코	쿄	쿠	큐	크	키
ㅌ (티읕)	타	탸	터	텨	토	툐	투	튜	트	티
ㅍ (피읖)	파	퍄	퍼	펴	포	표	푸	퓨	프	피
ㅎ (히읗)	하	햐	허	혀	호	효	후	휴	흐	히

제2장

모음

บทที่ 2

สระ

01 모음 [สระ]

월 일

🎵 모음 읽기 [การอ่านสระ]

ㅏ	ㅑ	ㅓ	ㅕ	ㅗ
아(A)	야(Ya)	어(Eo)	여(Yeo)	오(O)
ㅛ	ㅜ	ㅠ	ㅡ	ㅣ
요(Yo)	우(U)	유(Yu)	으(Eu)	이(I)

🎵 모음 쓰기 [การเขียนสระ]

ㅏ	ㅑ	ㅓ	ㅕ	ㅗ
아(A)	야(Ya)	어(Eo)	여(Yeo)	오(O)
ㅛ	ㅜ	ㅠ	ㅡ	ㅣ
요(Yo)	우(U)	유(Yu)	으(Eu)	이(I)

02 모음 [สระ]

월   일

✿ 모음 익히기 [การฝึกสระ]

다음 모음을 쓰는 순서에 맞게 따라 쓰세요.
(โปรดเขียนสระต่อไปนี้ตามลำดับการเขียน)

모음 สระ	이름 ชื่อ	쓰는 순서 ลำดับการเขียน	영어 표기 ภาษาอังกฤษ	쓰기 การเขียน				
ㅏ	아	ㅏ	A	ㅏ				
ㅑ	야	ㅑ	Ya	ㅑ				
ㅓ	어	ㅓ	Eo	ㅓ				
ㅕ	여	ㅕ	Yeo	ㅕ				
ㅗ	오	ㅗ	O	ㅗ				
ㅛ	요	ㅛ	Yo	ㅛ				
ㅜ	우	ㅜ	U	ㅜ				
ㅠ	유	ㅠ	Yu	ㅠ				
ㅡ	으	ㅡ	Eu	ㅡ				
ㅣ	이	ㅣ	I	ㅣ				

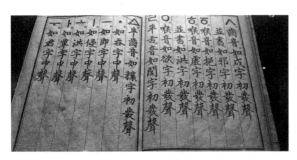 

- 훈민정음(訓民正音) : 새로 창제된 훈민정음을 1446년(세종 28) 정인지 등 집현전 학사들이 저술한 한문해설서이다. 해례가 붙어 있어서〈훈민정음 해례본 訓民正音 解例本〉이라고도 하며 예의(例義), 해례(解例), 정인지 서문으로 구성되어 있다. 특히 서문에는 **훈민정음을 만든 이유**, 편찬자, 편년월일, 우수성을 기록하고 있다. 1997년 유네스코 세계기록유산으로 등록되었다.

■ 훈민정음(訓民正音)을 만든 이유

- 훈민정음은 백성을 가르치는 바른 소리 -

훈민정음 서문에 나오는 '나랏말씀이 중국과 달라 한자와 서로 통하지 않는다.' 는 말은 풍속과 기질이 달라 성음(聲音)이 서로 같지 않게 된다는 것이다.

"이런 이유로 어리석은 백성이 말하고 싶은 것이 있어도 마침내 제 뜻을 표현하지 못하는 사람이 많다. 이를 불쌍히 여겨 새로 28자를 만들었으니 사람마다 쉽게 익혀 씀에 편하게 할 뿐이다."

지혜로운 사람은 아침나절이 되기 전에 이해하고 어리석은 사람도 열흘이면 배울 수 있는 훈민정음은 바람소리, 학의 울음이나 닭 울음소리, 개 짖는 소리까지 모두 표현해 쓸 수 있어 지구상의 모든 문자 가운데 가장 창의적이고 과학적이라는 찬사를 받는 문자이다.

-세종 28년-

■ 세종대왕 약력

- 조선 제4대 왕
- 이름: 이도
- 출생지: 서울(한양)
- 생년월일: 1397년 5월 15일~1450년 2월 17일
- 재위 기간: 1418년 8월~1450년 2월(31년 6개월)

■ เหตุผลที่สร้างฮุนมินจองอึม(訓民正音)

-ฮุนมินจองอึมคือเสียงที่ถูกต้องเพื่อการสอนประชาชน-

คำที่บอกว่า 'คำพูดของประเทศแตกต่างจากของจีน ไม่ตรงกับตัวอักษรจีน' ที่อยู่ในคำนำของฮุนมินจองอึม หมายถึงขนบธรรมเนียม และนิสัยแตกต่างกัน อักษรแทนเสียง (聲音) เลยไม่เหมือนกัน "ด้วยเหตุนี้แม้ประชาชนที่โง่เขลาต้องการพูด แต่ในที่สุดแล้วหลายคนไม่สามารถแสดงออกสิ่งที่อยากพูดได้ เราจึงสร้างตัวอักษรใหม่ขึ้นมา 28 ตัวด้วยความเห็นอกเห็นใจ เพื่อให้แต่ละคนใช้กันได้ง่ายและสะดวกสบายเท่านั้น ฮุนมินจองอึมซึ่งส่วนคนที่มีสติปัญญาจะเข้าใจก่อนที่ถึงเช้า และส่วนคนที่โง่เขลาก็สามารถเรียนรู้ได้เพียงแค่เวลาสิบวันเท่านั้น สามารถทำให้แสดงถึงเสียงลม, เสียงนกกระเรียนร้องหรือเสียงไก่ร้อง, ไปจนถึงเสียงหมาเห่า และเป็นตัวหนังสือที่ได้รับคำยกย่องว่ามีความคิดสร้างสรรค์และตามหลักวิทยาศาสตร์ที่สุดในบรรดาตัวหนังสือทั้งหมดบนโลก

- เซจง 28 ปี -

■ ประวัติโดยย่อของพระเจ้าเซจงมหาราช

- กษัตริย์องค์ที่ 4 แห่งราชวงศ์โชซอน
- ชื่อ: อีโด
- สถานที่เกิด: โซล(ฮันยาง)
- วันเกิด: วันที่ 15 พฤษภาคม ปี 1397 ~วันที่ 17 กุมภาพันธ์ ปี 1450
- ระยะการครองราชย์: สิงหาคม ปี 1418 ~ กุมภาพันธ์ ปี 1450 (31 ปี 6 เดือน)

제3장

겹자음과
겹모음

01 겹자음 [พยัญชนะควบ]

월 일

겹자음 읽기 [การอ่านพยัญชนะควบ]

ㄲ	ㄸ	ㅃ	ㅆ	ㅉ
쌍기역 (Ssanggiyeok)	쌍디귿 (Ssangdigeut)	쌍비읍 (Ssangbieup)	쌍시옷 (Ssangsiot)	쌍지읒 (Ssangjieut)

겹자음 쓰기 [การเขียนพยัญชนะควบ]

ㄲ	ㄸ	ㅃ	ㅆ	ㅉ
쌍기역 (Ssanggiyeok)	쌍디귿 (Ssangdigeut)	쌍비읍 (Ssangbieup)	쌍시옷 (Ssangsiot)	쌍지읒 (Ssangjieut)

겹자음 익히기 [การฝึกพยัญชนะควบ]

다음 겹자음을 쓰는 순서에 맞게 따라 쓰세요.
(โปรดเขียนพยัญชนะควบต่อไปนี้ตามลำดับการเขียน)

겹자음 พยัญชนะควบ	이름 ชื่อ	쓰는 순서 ลำดับการเขียน	영어 표기 ภาษาอังกฤษ	쓰기 การเขียน			
ㄲ	쌍기역	ㄲ	Ssanggiyeok	ㄲ			
ㄸ	쌍디귿	ㄸ	Ssangdigeut	ㄸ			
ㅃ	쌍비읍	ㅃ	Ssangbieup	ㅃ			
ㅆ	쌍시옷	ㅆ	Ssangsiot	ㅆ			
ㅉ	쌍지읒	ㅉ	Ssangjieut	ㅉ			

02 겹모음 [สระควบ]

겹모음 읽기 [การอ่านสระควบ]

ㅐ	ㅔ	ㅒ	ㅖ	ㅘ
애(Ae)	에(E)	얘(Yae)	예(Ye)	와(Wa)
ㅙ	ㅚ	ㅝ	ㅞ	ㅟ
왜(Wae)	외(Oe)	워(Wo)	웨(We)	위(Wi)
ㅢ				
의(Ui)				

겹모음 쓰기 [การเขียนสระควบ]

애(Ae)	에(E)	얘(Yae)	예(Ye)	와(Wa)
왜(Wae)	외(Oe)	워(Wo)	웨(We)	위(Wi)
의(Ui)				

02 겹모음 [สระควบ]

겹모음 익히기 [การฝึกพยัญชนะควบ]

다음 겹모음을 쓰는 순서에 맞게 따라 쓰세요.
(โปรดเขียนสระควบต่อไปนี้ตามลำดับการเขียน)

겹모음 สระควบ	이름 ชื่อ	쓰는 순서 ลำดับการ เขียน	영어 표기 ภาษาอัง กฤษ	쓰기 การเขียน			
ㅐ	애	ㅐ	Ae	ㅐ			
ㅔ	에	ㅔ	E	ㅔ			
ㅒ	얘	ㅒ	Yae	ㅒ			
ㅖ	예	ㅖ	Ye	ㅖ			
ㅘ	와	ㅘ	Wa	ㅘ			
ㅙ	왜	ㅙ	Wae	ㅙ			
ㅚ	외	ㅚ	Oe	ㅚ			
ㅝ	워	ㅝ	Wo	ㅝ			
ㅞ	웨	ㅞ	We	ㅞ			
ㅟ	위	ㅟ	Wi	ㅟ			
ㅢ	의	ㅢ	Ui	ㅢ			

제4장

음절표

บทที่ 4
ตารางพยางค์

자음+모음(ㅏ) [พยัญชนะ+สระ(ㅏ)]

월   일

자음+모음(ㅏ) 읽기 [การอ่านพยัญชนะ+สระ(ㅏ)]

가	나	다	라	마
Ga	Na	Da	Ra	Ma
바	사	아	자	차
Ba	Sa	A	Ja	Cha
카	타	파	하	
Ka	Ta	Pa	Ha	

자음+모음(ㅏ) 쓰기 [การเขียนพยัญชนะ+สระ(ㅏ)]

가	나	다	라	마
Ga	Na	Da	Ra	Ma
바	사	아	자	차
Ba	Sa	A	Ja	Cha
카	타	파	하	
Ka	Ta	Pa	Ha	

01 자음+모음(ㅏ) [พยัญชนะ+สระ(ㅏ)]

월   일

자음+모음(ㅏ) 익히기 [การฝึกพยัญชนะ+สระ (ㅏ)]

다음 자음+모음(ㅏ)을 쓰는 순서에 맞게 따라 쓰세요.
(โปรดเขียนตามลำดับการเขียนพยัญชนะ+สระ (ㅏ) ต่อไปนี้)

자음+모음(ㅏ)	이름	쓰는 순서	영어 표기	쓰기				
ㄱ+ㅏ	가	가	Ga	가				
ㄴ+ㅏ	나	나	Na	나				
ㄷ+ㅏ	다	다	Da	다				
ㄹ+ㅏ	라	라	Ra	라				
ㅁ+ㅏ	마	마	Ma	마				
ㅂ+ㅏ	바	바	Ba	바				
ㅅ+ㅏ	사	사	Sa	사				
ㅇ+ㅏ	아	아	A	아				
ㅈ+ㅏ	자	자	Ja	자				
ㅊ+ㅏ	차	차	Cha	차				
ㅋ+ㅏ	카	카	Ka	카				
ㅌ+ㅏ	타	타	Ta	타				
ㅍ+ㅏ	파	파	Pa	파				
ㅎ+ㅏ	하	하	Ha	하				

자음+모음(ㅓ) [พยัญชนะ+สระ(ㅓ)]

월   일

자음+모음(ㅓ) 읽기 [การอ่านพยัญชนะ+สระ (ㅓ)]

거	너	더	러	머
Geo	Neo	Deo	Reo	Meo
버	서	어	저	처
Beo	Seo	Eo	Jeo	Cheo
커	터	퍼	허	
Keo	Teo	Peo	Heo	

자음+모음(ㅓ) 쓰기 [การเขียนพยัญชนะ+สระ (ㅓ)]

거	너	더	러	머
Geo	Neo	Deo	Reo	Meo
버	서	어	저	처
Beo	Seo	Eo	Jeo	Cheo
커	터	퍼	허	
Keo	Teo	Peo	Heo	

02 자음+모음(ㅓ) [พยัญชนะ+สระ(ㅓ)]

월   일

자음+모음(ㅓ) 익히기 [การฝึกพยัญชนะ+สระ (ㅓ)]

다음 자음+모음(ㅓ)을 쓰는 순서에 맞게 따라 쓰세요.
(โปรดเขียนตามลำดับการเขียนพยัญชนะ+สระ (ㅓ) ต่อไปนี้)

자음+모음(ㅓ)	이름	쓰는 순서	영어 표기	쓰기				
ㄱ+ㅓ	거	거	Geo	거				
ㄴ+ㅓ	너	너	Neo	너				
ㄷ+ㅓ	더	더	Deo	더				
ㄹ+ㅓ	러	러	Reo	러				
ㅁ+ㅓ	머	머	Meo	머				
ㅂ+ㅓ	버	버	Beo	버				
ㅅ+ㅓ	서	서	Seo	서				
ㅇ+ㅓ	어	어	Eo	어				
ㅈ+ㅓ	저	저	Jeo	저				
ㅊ+ㅓ	처	처	Cheo	처				
ㅋ+ㅓ	커	커	Keo	커				
ㅌ+ㅓ	터	터	Teo	터				
ㅍ+ㅓ	퍼	퍼	Peo	퍼				
ㅎ+ㅓ	허	허	Heo	허				

자음+모음(ㅗ) [พยัญชนะ+สระ(ㅗ)]

월   일

자음+모음(ㅗ) 읽기 [การอ่านพยัญชนะ+สระ (ㅗ)]

고	노	도	로	모
Go	No	Do	Ro	Mo
보	소	오	조	초
Bo	So	O	Jo	Cho
코	토	포	호	
Ko	To	Po	Ho	

자음+모음(ㅗ) 쓰기 [การเขียนพยัญชนะ+สระ (ㅗ)]

고	노	도	로	모
Go	No	Do	Ro	Mo
보	소	오	조	초
Bo	So	O	Jo	Cho
코	토	포	호	
Ko	To	Po	Ho	

03

자음+모음(ㅗ) [พยัญชนะ+สระ(ㅗ)]

월   일

자음+모음(ㅗ) 익히기 [การฝึกพยัญชนะ+สระ (ㅗ)]

다음 자음+모음(ㅗ)을 쓰는 순서에 맞게 따라 쓰세요.

(โปรดเขียนตามลำดับการเขียนพยัญชนะ+สระ (ㅗ) ต่อไปนี้)

자음+모음(ㅗ)	이름	쓰는 순서	영어 표기	쓰기				
ㄱ+ㅗ	고	고	Go	고				
ㄴ+ㅗ	노	노	No	노				
ㄷ+ㅗ	도	도	Do	도				
ㄹ+ㅗ	로	로	Ro	로				
ㅁ+ㅗ	모	모	Mo	모				
ㅂ+ㅗ	보	보	Bo	보				
ㅅ+ㅗ	소	소	So	소				
ㅇ+ㅗ	오	오	O	오				
ㅈ+ㅗ	조	조	Jo	조				
ㅊ+ㅗ	초	초	Cho	초				
ㅋ+ㅗ	코	코	Ko	코				
ㅌ+ㅗ	토	토	To	토				
ㅍ+ㅗ	포	포	Po	포				
ㅎ+ㅗ	호	호	Ho	호				

04 자음+모음(ㅜ) [พยัญชนะ+สระ(ㅜ)]

월   일

자음+모음(ㅜ) 읽기 [การอ่านพยัญชนะ+สระ (ㅜ)]

구	누	두	루	무
Gu	Nu	Du	Ru	Mu
부	수	우	주	추
Bu	Su	U	Ju	Chu
쿠	투	푸	후	
Ku	Tu	Pu	Hu	

자음+모음(ㅜ) 쓰기 [การเขียนพยัญชนะ+สระ (ㅜ)]

구	누	두	루	무
Gu	Nu	Du	Ru	Mu
부	수	우	주	추
Bu	Su	U	Ju	Chu
쿠	투	푸	후	
Ku	Tu	Pu	Hu	

04 자음+모음(ㅜ) [พยัญชนะ+สระ(ㅜ)]

월   일

자음+모음(ㅜ) 익히기 [การฝึกพยัญชนะ+สระ (ㅜ)]

다음 자음+모음(ㅜ)을 쓰는 순서에 맞게 따라 쓰세요.
(โปรดเขียนตามลำดับการเขียนพยัญชนะ+สระ (ㅜ) ต่อไปนี้)

자음+모음(ㅜ)	이름	쓰는 순서	영어 표기	쓰기				
ㄱ+ㅜ	구	구	Gu	구				
ㄴ+ㅜ	누	누	Nu	누				
ㄷ+ㅜ	두	두	Du	두				
ㄹ+ㅜ	루	루	Ru	루				
ㅁ+ㅜ	무	무	Mu	무				
ㅂ+ㅜ	부	부	Bu	부				
ㅅ+ㅜ	수	수	Su	수				
ㅇ+ㅜ	우	우	U	우				
ㅈ+ㅜ	주	주	Ju	주				
ㅊ+ㅜ	추	추	Chu	추				
ㅋ+ㅜ	쿠	쿠	Ku	쿠				
ㅌ+ㅜ	투	투	Tu	투				
ㅍ+ㅜ	푸	푸	Pu	푸				
ㅎ+ㅜ	후	후	Hu	후				

05 자음+모음(ㅡ) [พยัญชนะ+สระ(ㅡ)]

자음+모음(ㅡ) 읽기 [การอ่านพยัญชนะ+สระ (ㅡ)]

그	느	드	르	므
Geu	Neu	Deu	Reu	Meu
브	스	으	즈	츠
Beu	Seu	Eu	Jeu	Cheu
크	트	프	흐	
Keu	Teu	Peu	Heu	

자음+모음(ㅡ) 쓰기 [การเขียนพยัญชนะ+สระ (ㅡ)]

그	느	드	르	므
Geu	Neu	Deu	Reu	Meu
브	스	으	즈	츠
Beu	Seu	Eu	Jeu	Cheu
크	트	프	흐	
Keu	Teu	Peu	Heu	

자음+모음(ㅡ) [พยัญชนะ+สระ(ㅡ)]

월   일

자음+모음(ㅡ) 익히기 [การฝึกพยัญชนะ+สระ (ㅡ)]

다음 자음+모음(ㅡ)을 쓰는 순서에 맞게 따라 쓰세요.
(โปรดเขียนตามลำดับการเขียนพยัญชนะ+สระ (ㅡ) ต่อไปนี้)

자음+모음(ㅡ)	이름	쓰는 순서	영어 표기	쓰기				
ㄱ+ㅡ	그	그	Geu	그				
ㄴ+ㅡ	느	느	Neu	느				
ㄷ+ㅡ	드	드	Deu	드				
ㄹ+ㅡ	르	르	Reu	르				
ㅁ+ㅡ	므	므	Meu	므				
ㅂ+ㅡ	브	브	Beu	브				
ㅅ+ㅡ	스	스	Seu	스				
ㅇ+ㅡ	으	으	Eu	으				
ㅈ+ㅡ	즈	즈	Jeu	즈				
ㅊ+ㅡ	츠	츠	Cheu	츠				
ㅋ+ㅡ	크	크	Keu	크				
ㅌ+ㅡ	트	트	Teu	트				
ㅍ+ㅡ	프	프	Peu	프				
ㅎ+ㅡ	흐	흐	Heu	흐				

자음+모음(ㅑ) [พยัญชนะ+สระ(ㅑ)]

월   일

자음+모음(ㅑ) 읽기 [การอ่านพยัญชนะ+สระ (ㅑ)]

갸	냐	댜	랴	먀
Gya	Nya	Dya	Rya	Mya
뱌	샤	야	쟈	챠
Bya	Sya	Ya	Jya	Chya
캬	탸	퍄	햐	
Kya	Tya	Pya	Hya	

자음+모음(ㅑ) 쓰기 [การเขียนพยัญชนะ+สระ (ㅑ)]

갸	냐	댜	랴	먀
Gya	Nya	Dya	Rya	Mya
뱌	샤	야	쟈	챠
Bya	Sya	Ya	Jya	Chya
캬	탸	퍄	햐	
Kya	Tya	Pya	Hya	

06 자음+모음(ㅑ) [พยัญชนะ+สระ(ㅑ)]

월 일

자음+모음(ㅑ) 익히기 [การฝึกพยัญชนะ+สระ (ㅑ)]

다음 자음+모음(ㅑ)을 쓰는 순서에 맞게 따라 쓰세요.
(โปรดเขียนตามลำดับการเขียนพยัญชนะ+สระ (ㅑ) ต่อไปนี้)

자음+모음(ㅑ)	이름	쓰는 순서	영어 표기	쓰기					
ㄱ+ㅑ	갸	갸	Gya	갸					
ㄴ+ㅑ	냐	냐	Nya	냐					
ㄷ+ㅑ	댜	댜	Dya	댜					
ㄹ+ㅑ	랴	랴	Rya	랴					
ㅁ+ㅑ	먀	먀	Mya	먀					
ㅂ+ㅑ	뱌	뱌	Bya	뱌					
ㅅ+ㅑ	샤	샤	Sya	샤					
ㅇ+ㅑ	야	야	Ya	야					
ㅈ+ㅑ	쟈	쟈	Jya	쟈					
ㅊ+ㅑ	챠	챠	Chya	챠					
ㅋ+ㅑ	캬	캬	Kya	캬					
ㅌ+ㅑ	탸	탸	Tya	탸					
ㅍ+ㅑ	퍄	퍄	Pya	퍄					
ㅎ+ㅑ	햐	햐	Hya	햐					

자음+모음(ㅕ) 읽기 [การอ่านพยัญชนะ+สระ(ㅕ)]

겨	녀	뎌	려	며
Gyeo	Nyeo	Dyeo	Ryeo	Myeo
벼	셔	여	져	쳐
Byeo	Syeo	Yeo	Jyeo	Chyeo
켜	텨	펴	혀	
Kya	Tyeo	Pyeo	Hyeo	

자음+모음(ㅕ) 쓰기 [การเขียนพยัญชนะ+สระ(ㅕ)]

겨	녀	뎌	려	며
Gyeo	Nyeo	Dyeo	Rya	Myeo
벼	셔	여	져	쳐
Byeo	Syeo	Yeo	Jyeo	Chyeo
켜	텨	펴	혀	
Kyeo	Tyeo	Pyeo	Hyeo	

자음+모음(ㅕ) [พยัญชนะ+สระ(ㅕ)]

월   일

자음+모음(ㅕ) 익히기 [การฝึกพยัญชนะ+สระ (ㅕ)]

다음 자음+모음(ㅕ)을 쓰는 순서에 맞게 따라 쓰세요.
(โปรดเขียนตามลำดับการเขียนพยัญชนะ+สระ (ㅕ) ต่อไปนี้)

자음+모음(ㅕ)	이름	쓰는 순서	영어 표기	쓰기				
ㄱ+ㅕ	겨	겨	Gyeo	겨				
ㄴ+ㅕ	녀	녀	Nyeo	녀				
ㄷ+ㅕ	뎌	뎌	Dyeo	뎌				
ㄹ+ㅕ	려	려	Ryeo	려				
ㅁ+ㅕ	며	며	Myeo	며				
ㅂ+ㅕ	벼	벼	Byeo	벼				
ㅅ+ㅕ	셔	셔	Syeo	셔				
ㅇ+ㅕ	여	여	Yeo	여				
ㅈ+ㅕ	져	져	Jyeo	져				
ㅊ+ㅕ	쳐	쳐	Chyeo	쳐				
ㅋ+ㅕ	켜	켜	Kyeo	켜				
ㅌ+ㅕ	텨	텨	Tyeo	텨				
ㅍ+ㅕ	펴	펴	Pyeo	펴				
ㅎ+ㅕ	펴	혀	Hyeo	혀				

자음+모음(ㅛ) [พยัญชนะ+สระ(ㅛ)]

월   일

자음+모음(ㅛ) 읽기 [การอ่านพยัญชนะ+สระ (ㅛ)]

교	뇨	됴	료	묘
Gyo	Nyo	Dyo	Ryo	Myo
뵤	쇼	요	죠	쵸
Byo	Syo	Yo	Jyo	Chyo
쿄	툐	표	효	
Kyo	Tyo	Pyo	Hyo	

자음+모음(ㅛ) 쓰기 [การเขียนพยัญชนะ+สระ (ㅛ)]

교	뇨	됴	료	묘
Gyo	Nyo	Dyo	Ryo	Myo
뵤	쇼	요	죠	쵸
Byo	Syo	Yo	Jyo	Chyo
쿄	툐	표	효	
Kyo	Tyo	Pyo	Hyo	

08 # 자음+모음(ㅛ) [พยัญชนะ+สระ(ㅛ)]

월   일

자음+모음(ㅛ) 익히기 [การฝึกพยัญชนะ+สระ (ㅛ)]

다음 자음+모음(ㅛ)을 쓰는 순서에 맞게 따라 쓰세요.
(โปรดเขียนตามลำดับการเขียนพยัญชนะ+สระ (ㅛ) ต่อไปนี้)

자음+모음(ㅛ)	이름	쓰는 순서	영어 표기	쓰기				
ㄱ+ㅛ	교		Gyo	교				
ㄴ+ㅛ	뇨		Nyo	뇨				
ㄷ+ㅛ	됴		Dyo	됴				
ㄹ+ㅛ	료		Ryo	료				
ㅁ+ㅛ	묘		Myo	묘				
ㅂ+ㅛ	뵤		Byo	뵤				
ㅅ+ㅛ	쇼		Syo	쇼				
ㅇ+ㅛ	요		Yo	요				
ㅈ+ㅛ	죠		Jyo	죠				
ㅊ+ㅛ	쵸		Chyo	쵸				
ㅋ+ㅛ	쿄		Kyo	쿄				
ㅌ+ㅛ	툐		Tyo	툐				
ㅍ+ㅛ	표		Pyo	표				
ㅎ+ㅛ	효		Hyo	효				

자음+모음(ㅠ) [พยัญชนะ+สระ(ㅠ)]

월　일

자음+모음(ㅠ) 읽기 [การอ่านพยัญชนะ+สระ (ㅠ)]

규	뉴	듀	류	뮤
Gyu	Nyu	Dyu	Ryu	Myu
뷰	슈	유	쥬	츄
Byu	Syu	Yu	Jyu	Chyu
큐	튜	퓨	휴	
Kyu	Tyu	Pyu	Hyu	

자음+모음(ㅠ) 쓰기 [การเขียนพยัญชนะ+สระ (ㅠ)]

규	뉴	듀	류	뮤
Gyu	Nyu	Dyu	Ryu	Myu
뷰	슈	유	쥬	츄
Byu	Syu	Yu	Jyu	Chyu
큐	튜	퓨	휴	
Kyu	Tyu	Pyu	Hyu	

자음+모음(ㅠ) [พยัญชนะ+สระ(ㅠ)]

월   일

자음+모음(ㅠ) 익히기 [การฝึกพยัญชนะ+สระ (ㅠ)]

다음 자음+모음(ㅠ)을 쓰는 순서에 맞게 따라 쓰세요.
(โปรดเขียนตามลำดับการเขียนพยัญชนะ+สระ (ㅠ) ต่อไปนี้)

자음+모음(ㅠ)	이름	쓰는 순서	영어 표기	쓰기				
ㄱ+ㅠ	규	규	Gyu	규				
ㄴ+ㅠ	뉴	뉴	Nyu	뉴				
ㄷ+ㅠ	듀	듀	Dyu	듀				
ㄹ+ㅠ	류	류	Ryu	류				
ㅁ+ㅠ	뮤	뮤	Myu	뮤				
ㅂ+ㅠ	뷰	뷰	Byu	뷰				
ㅅ+ㅠ	슈	슈	Syu	슈				
ㅇ+ㅠ	유	유	Yu	유				
ㅈ+ㅠ	쥬	쥬	Jyu	쥬				
ㅊ+ㅠ	츄	츄	Chyu	츄				
ㅋ+ㅠ	큐	큐	Kyu	큐				
ㅌ+ㅠ	튜	튜	Tyu	튜				
ㅍ+ㅠ	퓨	퓨	Pyu	퓨				
ㅎ+ㅠ	휴	휴	Hyu	휴				

⑩ 자음+모음(ㅣ) [พยัญชนะ+สระ(ㅣ)]

월   일

자음+모음(ㅣ) 읽기 [การอ่านพยัญชนะ+สระ (ㅣ)]

기	니	디	리	미
Gi	Ni	Di	Ri	Mi
비	시	이	지	치
Bi	Si	I	Ji	Chi
키	티	피	히	
Ki	Ti	Pi	Hi	

자음+모음(ㅣ) 쓰기 [การเขียนพยัญชนะ+สระ (ㅣ)]

기	니	디	리	미
Gi	Ni	Di	Ri	Mi
비	시	이	지	치
Bi	Si	I	Ji	Chi
키	티	피	히	
Ki	Ti	Pi	Hi	

자음+모음(l) [พยัญชนะ+สระ(l)]

월   일

자음+모음(l) 익히기 [การฝึกพยัญชนะ+สระ (l)]

다음 자음+모음(l)을 쓰는 순서에 맞게 따라 쓰세요.
(โปรดเขียนตามลำดับการเขียนพยัญชนะ+สระ (l) ต่อไปนี้)

자음+모음(l)	이름	쓰는 순서	영어 표기	쓰기					
ㄱ+ l	기	키	Gi	기					
ㄴ+ l	니	니	Ni	니					
ㄷ+ l	디	디	Di	디					
ㄹ+ l	리	리	Ri	리					
ㅁ+ l	미	미	Mi	미					
ㅂ+ l	비	비	Bi	비					
ㅅ+ l	시	시	Si	시					
ㅇ+ l	이	이	I	이					
ㅈ+ l	지	지	Ji	지					
ㅊ+ l	치	치	Chi	치					
ㅋ+ l	키	키	Ki	키					
ㅌ+ l	티	티	Ti	티					
ㅍ+ l	피	피	Pi	피					
ㅎ+ l	히	히	Hi	히					

한글 자음과 모음 받침표 [รางพยัญชนะฮันกึลและตัวสะกดสระ]

월   일

※ 참고 : 받침 'ㄱ~ㅎ'(49p~62P)에서 학습할 내용

mp3 / 받침	가	나	다	라	마	바	사	아	자	차	카	타	파	하
ㄱ	각	낙	닥	락	막	박	삭	악	작	착	칵	탁	팍	학
ㄴ	간	난	단	란	만	반	산	안	잔	찬	칸	탄	판	한
ㄷ	갇	낟	닫	랃	맏	받	삳	앋	잗	찯	칻	탇	팓	핟
ㄹ	갈	날	달	랄	말	발	살	알	잘	찰	칼	탈	팔	할
ㅁ	감	남	담	람	맘	밤	삼	암	잠	참	캄	탐	팜	함
ㅂ	갑	납	답	랍	맙	밥	삽	압	잡	찹	캅	탑	팝	합
ㅅ	갓	낫	닷	랏	맛	밧	삿	앗	잣	찻	캇	탓	팟	핫
ㅇ	강	낭	당	랑	망	방	상	앙	장	창	캉	탕	팡	항
ㅈ	갖	낮	닺	랒	맞	밪	삿	앚	잦	찾	캊	탖	팢	핫
ㅊ	갗	낯	닻	랓	맟	밫	샃	앛	잧	찿	캋	탗	팣	핯
ㅋ	갘	낰	닼	랔	맠	밬	샄	악	잨	챀	캌	탘	팤	핰
ㅌ	같	낱	닽	랕	맡	밭	샅	앝	잩	챁	캍	탙	팥	핱
ㅍ	갚	낲	닺	랖	맢	밮	샆	앞	잪	챂	캎	탚	팦	핲
ㅎ	갛	낳	닿	랗	망	밯	샇	앟	잫	챃	캏	탛	팧	항

제5장

자음과
겹모음

ที่ 5

พยัญชนะและสระควบ

국어국립원의 '우리말샘'에 등록되지 않은 글자. 또는 쓰임이 적은 글자를 아래와 같이 수록하니, 학습에 참고하시길 바랍니다.

페이지	'우리말샘'에 등록되지 않은 글자. 또는 쓰임이 적은 글자
42p	뎨(Dye) 볘(Bye) 졔(Jye) 쳬(Chye) 톄(Tye)
43p	돠(Dwa) 롸(Rwa) 뫄(Mwa) 톼(Twa) 퐈(Pwa)
44p	놰(Nwae) 뢔(Rwae) 뫠(Mwae) 쵀(Chwae) 퐤(Pwae)
46p	풔(Pwo)
48p	듸(Dui) 릐(Rui) 믜(Mui) 븨(Bui) 싀(Sui) 즤(Jui) 츼(Chui) 킈(Kui)
51p	랃(Rat) 앋(At) 챋(Chat) 캍(Kat) 탇(Tat) 팓(Pat)
57p	삿(Sat) 캇(Kat) 탓(Tat) 팟(Pat) 핫(Hat)
58p	랓(Rat) 맞(Mat) 밪(Bat) 샃(Sat) 앛(At) 잗(Jat) 찿(Chat) 캊(Chat) 탗(Tat) 팣(Pat) 핯(Hat)
59p	각(Gak) 낙(Nak) 닥(Dak) 락(Rak) 막(Mak) 박(Bak) 삭(Sak) 작(Jak) 착(Chak) 칵(Kak) 팍(Pak) 학(Hak)
60p	닽(Dat) 랕(Rat) 잩(Jat) 챁(Chat) 캍(Kat) 탙(Tat) 핱(Hat)
61p	닶(Dap) 맙(Map) 밥(Bap) 찹(Chap) 캅(Kap) 탑(Tap) 팝(Pap) 합(Hap)
62p	밭(Bat) 샅(Sat) 앝(At) 잩(Jat) 챁(Chat) 캍(Kat) 탙(Tat) 팥(Pat) 핱(Hat)

자음+겹모음(ㅐ) [พยัญชนะ+สระควบ (ㅐ)]

다음 자음+겹모음(ㅐ)을 쓰는 순서에 맞게 따라 쓰세요.

(โปรดเขียนตามลำดับการเขียนพยัญชนะ+สระควบ (ㅐ) ต่อไปนี้)

자음+겹모음(ㅐ)	영어 표기	쓰기					
ㄱ+ㅐ	Gae	개					
ㄴ+ㅐ	Nae	내					
ㄷ+ㅐ	Dae	대					
ㄹ+ㅐ	Rae	래					
ㅁ+ㅐ	Mae	매					
ㅂ+ㅐ	Bae	배					
ㅅ+ㅐ	Sae	새					
ㅇ+ㅐ	Ae	애					
ㅈ+ㅐ	Jae	재					
ㅊ+ㅐ	Chae	채					
ㅋ+ㅐ	Kae	캐					
ㅌ+ㅐ	Tae	태					
ㅍ+ㅐ	Pae	패					
ㅎ+ㅐ	Hae	해					

O2 자음+겹모음(ㅔ)
[พยัญชนะ+สระควบ(ㅔ)]

자음+겹모음(ㅔ) [พยัญชนะ + สระควบ (ㅔ)]

다음 자음+겹모음(ㅔ)을 쓰는 순서에 맞게 따라 쓰세요.
(โปรดเขียนตามลำดับการเขียนพยัญชนะ+สระควบ (ㅔ) ต่อไปนี้)

자음+겹모음(ㅔ)	영어 표기	쓰기					
ㄱ+ㅔ	Ge	게					
ㄴ+ㅔ	Ne	네					
ㄷ+ㅔ	De	데					
ㄹ+ㅔ	Re	레					
ㅁ+ㅔ	Me	메					
ㅂ+ㅔ	Be	베					
ㅅ+ㅔ	Se	세					
ㅇ+ㅔ	E	에					
ㅈ+ㅔ	Je	제					
ㅊ+ㅔ	Che	체					
ㅋ+ㅔ	Ke	케					
ㅌ+ㅔ	Te	테					
ㅍ+ㅔ	Pe	페					
ㅎ+ㅔ	He	헤					

O3 자음+겹모음(ㅖ)
[พยัญชนะ+สระควบ(ㅖ)]

자음+겹모음(ㅖ) [พยัญชนะ+สระควบ (ㅖ)]

다음 자음+겹모음(ㅖ)을 쓰는 순서에 맞게 따라 쓰세요.
(โปรดเขียนตามลำดับการเขียนพยัญชนะ+สระควบ (ㅖ) ต่อไปนี้)

자음+겹모음(ㅖ)	영어 표기	쓰기				
ㄱ+ㅖ	Gye	계				
ㄴ+ㅖ	Nye	녜				
ㄷ+ㅖ	Dye	뎨				
ㄹ+ㅖ	Rye	례				
ㅁ+ㅖ	Mye	몌				
ㅂ+ㅖ	Bye	볘				
ㅅ+ㅖ	Sye	셰				
ㅇ+ㅖ	Ye	예				
ㅈ+ㅖ	Jye	졔				
ㅊ+ㅖ	Chye	쳬				
ㅋ+ㅖ	Kye	켸				
ㅌ+ㅖ	Tye	톄				
ㅍ+ㅖ	Pye	폐				
ㅎ+ㅖ	Hye	혜				

O4 자음+겹모음(ㅘ)

[พยัญชนะ+สระควบ(ㅘ)]

자음+겹모음(ㅘ) [พยัญชนะ+สระควบ (ㅘ)]

다음 자음+겹모음(ㅘ)을 쓰는 순서에 맞게 따라 쓰세요.

(โปรดเขียนตามลำดับการเขียนพยัญชนะ+สระควบ (ㅘ) ต่อไปนี้)

자음+겹모음(ㅘ)	영어 표기	쓰기					
ㄱ+ㅘ	Gwa	과					
ㄴ+ㅘ	Nwa	놔					
ㄷ+ㅘ	Dwa	돠					
ㄹ+ㅘ	Rwa	롸					
ㅁ+ㅘ	Mwa	뫄					
ㅂ+ㅘ	Bwa	봐					
ㅅ+ㅘ	Swa	솨					
ㅇ+ㅘ	Wa	와					
ㅈ+ㅘ	Jwa	좌					
ㅊ+ㅘ	Chwa	촤					
ㅋ+ㅘ	Kwa	콰					
ㅌ+ㅘ	Twa	퇴					
ㅍ+ㅘ	Pwa	퐈					
ㅎ+ㅘ	Hwa	화					

O5 자음+겹모음(ㅙ)
[พยัญชนะ+สระควบ(ㅙ)]

월   일

자음+겹모음(ㅙ) [พยัญชนะ+สระควบ (ㅙ)]

다음 자음+겹모음(ㅙ)을 쓰는 순서에 맞게 따라 쓰세요.

(โปรดเขียนตามลำดับการเขียนพยัญชนะ+สระควบ (ㅙ) ต่อไปนี้)

자음+겹모음(ㅙ)	영어 표기	쓰기					
ㄱ+ㅙ	Gwae	괘					
ㄴ+ㅙ	Nwae	놰					
ㄷ+ㅙ	Dwae	돼					
ㄹ+ㅙ	Rwae	뢔					
ㅁ+ㅙ	Mwae	뫠					
ㅂ+ㅙ	Bwae	봬					
ㅅ+ㅙ	Swae	쇄					
ㅇ+ㅙ	Wae	왜					
ㅈ+ㅙ	Jwae	좨					
ㅊ+ㅙ	Chwae	쵀					
ㅋ+ㅙ	Kwae	쾌					
ㅌ+ㅙ	Twae	퇘					
ㅍ+ㅙ	Pwae	퐤					
ㅎ+ㅙ	Hwae	홰					

06 자음+겹모음(ㅚ)
[พยัญชนะ+สระควบ(ㅚ)]

월   일

자음+겹모음(ㅚ) [พยัญชนะ+สระควบ (ㅚ)]

다음 자음+겹모음(ㅚ)을 쓰는 순서에 맞게 따라 쓰세요.
(โปรดเขียนตามลำดับการเขียนพยัญชนะ+สระควบ (ㅚ) ต่อไปนี้)

자음+겹모음(ㅚ)	영어 표기	쓰기					
ㄱ+ㅚ	Goe	괴					
ㄴ+ㅚ	Noe	뇌					
ㄷ+ㅚ	Doe	되					
ㄹ+ㅚ	Roe	뢰					
ㅁ+ㅚ	Moe	뫼					
ㅂ+ㅚ	Boe	뵈					
ㅅ+ㅚ	Soe	쇠					
ㅇ+ㅚ	Oe	외					
ㅈ+ㅚ	Joe	죄					
ㅊ+ㅚ	Choe	최					
ㅋ+ㅚ	Koe	쾨					
ㅌ+ㅚ	Toe	퇴					
ㅍ+ㅚ	Poe	푀					
ㅎ+ㅚ	Hoe	회					

07 자음+겹모음(ㅝ)
[พยัญชนะ+สระควบ(ㅝ)]

월   일

자음+겹모음(ㅝ) [พยัญชนะ+สระควบ (ㅝ)]

다음 자음+겹모음(ㅝ)을 쓰는 순서에 맞게 따라 쓰세요.
(โปรดเขียนตามลำดับการเขียนพยัญชนะ+สระควบ (ㅝ) ต่อไปนี้)

자음+겹모음(ㅝ)	영어 표기	쓰기							
ㄱ+ㅝ	Gwo	궈							
ㄴ+ㅝ	Nwo	눠							
ㄷ+ㅝ	Dwo	둬							
ㄹ+ㅝ	Rwo	뤄							
ㅁ+ㅝ	Mwo	뭐							
ㅂ+ㅝ	Bwo	붜							
ㅅ+ㅝ	Swo	숴							
ㅇ+ㅝ	Wo	워							
ㅈ+ㅝ	Jwo	줘							
ㅊ+ㅝ	Chwo	춰							
ㅋ+ㅝ	Kwo	쿼							
ㅌ+ㅝ	Two	퉈							
ㅍ+ㅝ	Pwo	풔							
ㅎ+ㅝ	Hwo	훠							

08 자음+겹모음(ㅟ)
[พยัญชนะ+สระควบ(ㅟ)]

자음+겹모음(ㅟ) [พยัญชนะ+สระควบ (ㅟ)]

다음 자음+겹모음(ㅟ)을 쓰는 순서에 맞게 따라 쓰세요.
(โปรดเขียนตามลำดับการเขียนพยัญชนะ+สระควบ (ㅟ) ต่อไปนี้

자음+겹모음(ㅟ)	영어 표기	쓰기				
ㄱ+ㅟ	Gwi	귀				
ㄴ+ㅟ	Nwi	뉘				
ㄷ+ㅟ	Dwi	뒤				
ㄹ+ㅟ	Rwi	뤼				
ㅁ+ㅟ	Mwi	뮈				
ㅂ+ㅟ	Bwi	뷔				
ㅅ+ㅟ	Swi	쉬				
ㅇ+ㅟ	Wi	위				
ㅈ+ㅟ	Jwi	쥐				
ㅊ+ㅟ	Chwi	취				
ㅋ+ㅟ	Kwi	퀴				
ㅌ+ㅟ	Twi	튀				
ㅍ+ㅟ	Pwi	퓌				
ㅎ+ㅟ	Hwi	휘				

09 자음+겹모음(ㅟ)
[พยัญชนะ+สระควบ(ㅟ)]

월   일

자음+겹모음(ㅟ) [พยัญชนะ+สระควบ (ㅟ)]

다음 자음+겹모음(ㅟ)을 쓰는 순서에 맞게 따라 쓰세요.
(โปรดเขียนตามลำดับการเขียนพยัญชนะ+สระควบ (ㅟ) ต่อไปนี้)

자음+겹모음(ㅟ)	영어 표기	쓰기
ㄱ+ㅟ	Gwi	귀
ㄴ+ㅟ	Nwi	늬
ㄷ+ㅟ	Dwi	뒤
ㄹ+ㅟ	Rwi	뤼
ㅁ+ㅟ	Mwi	뮈
ㅂ+ㅟ	Bwi	뷔
ㅅ+ㅟ	Swi	쉬
ㅇ+ㅟ	Wi	위
ㅈ+ㅟ	Jwi	쥐
ㅊ+ㅟ	Chwi	취
ㅋ+ㅟ	Kwi	퀴
ㅌ+ㅟ	Twi	튀
ㅍ+ㅟ	Pwi	퓌
ㅎ+ㅟ	Hwi	휘

⑩ 받침 ㄱ(기역)이 있는 글자
[ตัวอักษรที่มีตัวสะกด 'ㄱ'(คียอก)]

월 일

받침 ㄱ(기역) [ตัวสะกด 'ㄱ'(คียอก)]

다음 받침 ㄱ(기역)이 들어간 글자를 쓰는 순서에 맞게 따라 쓰세요.
(โปรดเขียนตัวอักษรที่มีตัวสะกด 'ㄱ'(คียอก) ตามลำดับการเขียน)

받침 ㄱ(기역)	영어 표기	쓰기					
가+ㄱ	Gak	각					
나+ㄱ	Nak	낙					
다+ㄱ	Dak	닥					
라+ㄱ	Rak	락					
마+ㄱ	Mak	막					
바+ㄱ	Bak	박					
사+ㄱ	Sak	삭					
아+ㄱ	Ak	악					
자+ㄱ	Jak	작					
차+ㄱ	Chak	착					
카+ㄱ	Kak	칵					
타+ㄱ	Tak	탁					
파+ㄱ	Pak	팍					
하+ㄱ	Hak	학					

받침 ㄴ(니은)이 있는 글자

[ตัวอักษรที่มีตัวสะกด 'ㄴ'(นีอึน)]

월   일

받침 ㄴ(니은) [ตัวสะกด'ㄴ'(นีอึน)]

다음 받침 ㄴ(니은)이 들어간 글자를 쓰는 순서에 맞게 따라 쓰세요.
(โปรดเขียนตัวอักษรที่มีตัวสะกด 'ㄴ'(นีอึน) ตามลำดับการเขียน)

받침 ㄴ(니은)	영어 표기	쓰기					
가+ㄴ	Gan	간					
나+ㄴ	Nan	난					
다+ㄴ	Dan	단					
라+ㄴ	Ran	란					
마+ㄴ	Man	만					
바+ㄴ	Ban	반					
사+ㄴ	San	산					
아+ㄴ	An	안					
자+ㄴ	Jan	잔					
차+ㄴ	Chan	찬					
카+ㄴ	Kan	칸					
타+ㄴ	Tan	탄					
파+ㄴ	Pan	판					
하+ㄴ	Han	한					

⑫ 받침 ㄷ(디귿)이 있는 글자
[ตัวอักษรที่มีตัวสะกด 'ㄷ'(ทีกึด)]

월   일

ㄷ 받침 ㄷ(디귿) [ตัวสะกด 'ㄷ'(ทีกึด)]

다음 받침 ㄷ(디귿)이 들어간 글자를 쓰는 순서에 맞게 따라 쓰세요.
(โปรดเขียนตัวอักษรที่มีตัวสะกด 'ㄷ'(ทีกึด) ตามลำดับการเขียน)

받침 ㄷ(디귿)	영어 표기	쓰기					
가+ㄷ	Gat	갇					
나+ㄷ	Nat	낟					
다+ㄷ	Dat	닫					
라+ㄷ	Rat	랃					
마+ㄷ	Mat	맏					
바+ㄷ	Bat	받					
사+ㄷ	Sat	삳					
아+ㄷ	At	앋					
자+ㄷ	Jat	잗					
차+ㄷ	Chat	찯					
카+ㄷ	Kat	칻					
타+ㄷ	Tat	탇					
파+ㄷ	Pat	팓					
하+ㄷ	Hat	핟					

월   일

받침 ㄹ(리을) [ตัวสะกด 'ㄹ'(รีอึล)]

다음 받침 ㄹ(리을)이 들어간 글자를 쓰는 순서에 맞게 따라 쓰세요.
(โปรดเขียนตัวอักษรที่มีตัวสะกด 'ㄹ'(รีอึล) ตามลำดับการเขียน)

받침 ㄹ(리을)	영어 표기	쓰기					
가+ㄹ	Gal	갈					
나+ㄹ	Nal	날					
다+ㄹ	Dal	달					
라+ㄹ	Ral	랄					
마+ㄹ	Mal	말					
바+ㄹ	Bal	발					
사+ㄹ	Sal	살					
아+ㄹ	Al	알					
자+ㄹ	Jal	잘					
차+ㄹ	Chal	찰					
카+ㄹ	Kal	칼					
타+ㄹ	Tal	탈					
파+ㄹ	Pal	팔					
하+ㄹ	Hal	할					

받침 ㅁ(미음)이 있는 글자
[ตัวอักษรที่มีตัวสะกด 'ㅁ'(มีอึม)]

월   일

받침 ㅁ(미음) [ตัวสะกด 'ㅁ'(มีอึม)]

다음 받침 ㅁ(미음)이 들어간 글자를 쓰는 순서에 맞게 따라 쓰세요.
(โปรดเขียนตัวอักษรที่มีตัวสะกด 'ㅁ'(มีอึม) ตามลำดับการเขียน)

받침 ㅁ(미음)	영어 표기	쓰기				
가+ㅁ	Gam	감				
나+ㅁ	Nam	남				
다+ㅁ	Dam	담				
라+ㅁ	Ram	람				
마+ㅁ	Mam	맘				
바+ㅁ	Bam	밤				
사+ㅁ	Sam	삼				
아+ㅁ	Am	암				
자+ㅁ	Jam	잠				
차+ㅁ	Cham	참				
카+ㅁ	Kam	캄				
타+ㅁ	Tam	탐				
파+ㅁ	Pam	팜				
하+ㅁ	Ham	함				

15 받침 ㅂ(비읍)이 있는 글자

[ตัวอักษรที่มีตัวสะกด 'ㅂ'(พีอึบ)]

월 일

받침 ㅂ(비읍) [ตัวสะกด 'ㅂ'(พีอึบ)]

다음 받침 ㅂ(비읍)이 들어간 글자를 쓰는 순서에 맞게 따라 쓰세요.
(โปรดเขียนตัวอักษรที่มีตัวสะกด 'ㅂ'(พีอึบ) ตามลำดับการเขียน)

받침 ㅂ(비읍)	영어 표기	쓰기						
가+ㅂ	Gap	갑						
나+ㅂ	Nap	납						
다+ㅂ	Dap	답						
라+ㅂ	Rap	랍						
마+ㅂ	Map	맙						
바+ㅂ	Bap	밥						
사+ㅂ	Sap	삽						
아+ㅂ	Ap	압						
자+ㅂ	Jap	잡						
차+ㅂ	Chap	찹						
카+ㅂ	Kap	캅						
타+ㅂ	Tap	탑						
파+ㅂ	Pap	팝						
하+ㅂ	Hap	합						

받침 ㅅ(시옷)이 있는 글자
[ตัวอักษรที่มีตัวสะกด 'ㅅ'(ชีอด)]

월   일

ㄷ 받침 ㅅ(시옷) [ตัวสะกด'ㅅ'(ชีอด)]

다음 받침 ㅅ(시옷)이 들어간 글자를 쓰는 순서에 맞게 따라 쓰세요.
(โปรดเขียนตัวอักษรที่มีตัวสะกด 'ㅅ'(ชีอด) ตามลำดับการเขียน)

받침 ㅅ(시옷)	영어 표기	쓰기					
가+ㅅ	Gat	갓					
나+ㅅ	Nat	낫					
다+ㅅ	Dat	닷					
라+ㅅ	Rat	랏					
마+ㅅ	Mat	맛					
바+ㅅ	Bat	밧					
사+ㅅ	Sat	삿					
아+ㅅ	At	앗					
자+ㅅ	Jat	잣					
차+ㅅ	Chat	찻					
카+ㅅ	Kat	캇					
타+ㅅ	Tat	탓					
파+ㅅ	Pat	팟					
하+ㅅ	Hat	핫					

받침 ㅇ(이응)이 있는 글자
[ตัวอักษรที่มีตัวสะกด 'ㅇ'(อีอึง)]

받침 ㅇ(이응) [ตัวสะกด 'ㅇ'(อีอึง)]

다음 받침 ㅇ(이응)이 들어간 글자를 쓰는 순서에 맞게 따라 쓰세요.
(โปรดเขียนตัวอักษรที่มีตัวสะกด 'ㅇ'(อีอึง) ตามลำดับการเขียน)

받침 ㅇ(이응)	영어 표기	쓰기					
가+ㅇ	Gang	강					
나+ㅇ	Nang	낭					
다+ㅇ	Dang	당					
라+ㅇ	Rang	랑					
마+ㅇ	Mang	망					
바+ㅇ	Bang	방					
사+ㅇ	Sang	상					
아+ㅇ	Ang	앙					
자+ㅇ	Jang	장					
차+ㅇ	Chang	창					
카+ㅇ	Kang	캉					
타+ㅇ	Tang	탕					
파+ㅇ	Pang	팡					
하+ㅇ	Hang	항					

받침 ㅈ(지읒) [ตัวสะกด 'ㅈ'(ชีอึด)]

다음 받침 ㅈ(지읒)이 들어간 글자를 쓰는 순서에 맞게 따라 쓰세요.
(โปรดเขียนตัวอักษรที่มีตัวสะกด 'ㅈ'(ชีอึด) ตามลำดับการเขียน)

받침 ㅈ(지읒)	영어 표기	쓰기					
가+ㅈ	Gat	갖					
나+ㅈ	Nat	낮					
다+ㅈ	Dat	닺					
라+ㅈ	Rat	랒					
마+ㅈ	Mat	맞					
바+ㅈ	Bat	밪					
사+ㅈ	Sat	샂					
아+ㅈ	At	앚					
자+ㅈ	Jat	잦					
차+ㅈ	Chat	찾					
카+ㅈ	Kat	캊					
타+ㅈ	Tat	탖					
파+ㅈ	Pat	팢					
하+ㅈ	Hat	핮					

받침 ㅊ(치읓)이 있는 글자

[ตัวอักษรที่มีตัวสะกด 'ㅊ'(ชี่อึด)]

월   일

받침 ㅊ(치읓) [ตัวสะกด 'ㅊ'(ชี่อึด)]

다음 받침 ㅊ(치읓)이 들어간 글자를 쓰는 순서에 맞게 따라 쓰세요.
(โปรดเขียนตัวอักษรที่มีตัวสะกด 'ㅊ'(ชี่อึด) ตามลำดับการเขียน)

받침 ㅊ(치읓)	영어 표기	쓰기			
가+ㅊ	Gat	갖			
나+ㅊ	Nat	낮			
다+ㅊ	Dat	닺			
라+ㅊ	Rat	랓			
마+ㅊ	Mat	맞			
바+ㅊ	Bat	밫			
사+ㅊ	Sat	샃			
아+ㅊ	At	앛			
자+ㅊ	Jat	잦			
차+ㅊ	Chat	찿			
카+ㅊ	Kat	캋			
타+ㅊ	Tat	탖			
파+ㅊ	Pat	팣			
하+ㅊ	Hat	핯			

20 받침 ㅋ(키읔)이 있는 글자
[ตัวอักษรที่มีตัวสะกด 'ㅋ'(คี่อึก)]

받침 ㅋ(키읔) [ตัวสะกด 'ㅋ'(คีอึก)]

다음 받침 ㅋ(키읔)이 들어간 글자를 쓰는 순서에 맞게 따라 쓰세요.
(โปรดเขียนตัวอักษรที่มีตัวสะกด 'ㅋ'(คีอึก) ตามลำดับการเขียน)

받침 ㅋ(키읔)	영어 표기	쓰기				
가+ㅋ	Gak	각				
나+ㅋ	Nak	낙				
다+ㅋ	Dak	닥				
라+ㅋ	Rak	락				
마+ㅋ	Mak	막				
바+ㅋ	Bak	박				
사+ㅋ	Sak	삭				
아+ㅋ	Ak	악				
자+ㅋ	Jak	작				
차+ㅋ	Chak	착				
카+ㅋ	Kak	칵				
타+ㅋ	Tak	탁				
파+ㅋ	Pak	팍				
하+ㅋ	Hak	학				

받침 ㅌ(티읕)이 있는 글자
[ตัวอักษรที่มีตัวสะกด 'ㅌ'(ที่อึด)]

월   일

ㅌ 받침 ㅌ(티읕) [ตัวสะกด 'ㅌ'(ที่อึด)]

다음 받침 ㅌ(티읕)이 들어간 글자를 쓰는 순서에 맞게 따라 쓰세요.
(โปรดเขียนตัวอักษรที่มีตัวสะกด 'ㅌ'(ที่อึด) ตามลำดับการเขียน)

받침 ㅌ(티읕)	영어 표기	쓰기				
가+ㅌ	Gat	같				
나+ㅌ	Nat	낱				
다+ㅌ	Dat	닽				
라+ㅌ	Rat	랕				
마+ㅌ	Mat	맡				
바+ㅌ	Bat	밭				
사+ㅌ	Sat	샅				
아+ㅌ	At	앝				
자+ㅌ	Jat	잩				
차+ㅌ	Chat	챁				
카+ㅌ	Kat	캍				
타+ㅌ	Tat	탙				
파+ㅌ	Pat	팥				
하+ㅌ	Hat	핱				

22 받침 ㅍ(피읖)이 있는 글자
[ตัวอักษรที่มีตัวสะกด 'ㅍ'(พี่อึบ)]

월   일

받침 ㅍ(피읖) [ตัวสะกด'ㅍ'(พี่อึบ)]

다음 받침 ㅍ(피읖)이 들어간 글자를 쓰는 순서에 맞게 따라 쓰세요.
(โปรดเขียนตัวอักษรที่มีตัวสะกด 'ㅍ'(พี่อึบ) ตามลำดับการเขียน)

받침 ㅍ(피읖)	영어 표기	쓰기						
가+ㅍ	Gap	갚						
나+ㅍ	Nap	낲						
다+ㅍ	Dap	닾						
라+ㅍ	Rap	랖						
마+ㅍ	Map	맢						
바+ㅍ	Bap	밮						
사+ㅍ	Sap	샆						
아+ㅍ	Ap	앞						
자+ㅍ	Jap	잪						
차+ㅍ	Chap	챂						
카+ㅍ	Kap	캎						
타+ㅍ	Tap	탚						
파+ㅍ	Pap	팦						
하+ㅍ	Hap	핲						

23 받침 ㅎ(히읗)이 있는 글자
[ตัวอักษรที่มีตัวสะกด 'ㅎ'(ฮีอึด)]

월   일

받침 ㅎ(히읗) [ตัวสะกด 'ㅎ'(ฮีอึด)]

다음 받침 ㅎ(히읗)이 들어간 글자를 쓰는 순서에 맞게 따라 쓰세요.
(โปรดเขียนตัวอักษรที่มีตัวสะกด 'ㅎ'(ฮีอึด) ตามลำดับการเขียน)

받침 ㅎ(히읗)	영어 표기	쓰기					
가+ㅎ	Gat	갛					
나+ㅎ	Nat	낳					
다+ㅎ	Dat	닿					
라+ㅎ	Rat	랗					
마+ㅎ	Mat	맣					
바+ㅎ	Bat	밯					
사+ㅎ	Sat	삫					
아+ㅎ	At	앟					
자+ㅎ	Jat	잫					
차+ㅎ	Chat	챃					
카+ㅎ	Kat	캏					
타+ㅎ	Tat	탛					
파+ㅎ	Pat	팧					
하+ㅎ	Hat	핳					

제6장

주제별
낱말

บทที่ 6
คำศัพท์ในแต่ละหัวข้อ

01 과일 [ผลไม้]

■ 다음을 쓰는 순서에 맞게 따라 쓰세요.
(โปรดเขียนคำต่อไปนี้ตามลำดับการเขียน)

사과				
배				
바 나 나				
딸 기				
토 마 토				

사과 แอปเปิ้ล

배 สาลี่

바나나 กล้วย

딸기 สตรอว์เบอร์รี

토마토 มะเขือเทศ

01 과일 [ผลไม้]

■ 다음을 쓰는 순서에 맞게 따라 쓰세요.
(โปรดเขียนคำต่อไปนี้ตามลำดับการเขียน)

수박 แตงโม

수	박				

복숭아 ลูกพีช

복	숭	아			

오렌지 ส้ม

오	렌	지			

귤 ส้มแมนดาริน

귤					

키위 กีวี

키	위				

01

과일 [ผลไม้]

월   일

■ 다음을 쓰는 순서에 맞게 따라 쓰세요.
（โปรดเขียนคำต่อไปนี้ตามลำดับการเขียน）

참	외				

참외 เมล่อนเกาหลี

파	인	애	플		

파인애플 สับปะรด

레	몬				

레몬 เลมอน

감					

감 ลูกพลับ

포	도				

포도 องุ่น

O2 동물 [สัตว์]

■ 다음을 쓰는 순서에 맞게 따라 쓰세요.
　(โปรดเขียนคำต่อไปนี้ตามลำดับการเขียน)

타	조					

타조 นกกระจอกเทศ

호	랑	이				

호랑이 เสือ

사	슴					

사슴 กวาง

고	양	이				

고양이 แมว

여	우					

여우 หมาป่า

■ 다음을 쓰는 순서에 맞게 따라 쓰세요.
(โปรดเขียนคำต่อไปนี้ตามลำดับการเขียน)

사	자				

사자 สิงโต

코	끼	리			

코끼리 ช้าง

돼	지				

돼지 หมู

강	아	지			

강아지 หมา

토	끼				

토끼 กระต่าย

O2 동물 [สัตว์]

월 일

■ 다음을 쓰는 순서에 맞게 따라 쓰세요.
  (โปรดเขียนคำต่อไปนี้ตามลำดับการเขียน)

기	린					
곰						
원	숭	이				
너	구	리				
거	북	이				

기린 ยีราฟ

곰 หมี

원숭이 ลิง

너구리 แรคคูน

거북이 เต่า

채소 [ผัก]

■ 다음을 쓰는 순서에 맞게 따라 쓰세요.
(โปรดเขียนคำต่อไปนี้ตามลำดับการเขียน)

배 추					
당 근					
마 늘					
시 금 치					
미 나 리					

배추 ผักกาดขาว

당근 แครอท

마늘 กระเทียม

시금치 ผักโขม

미나리 ผักชีล้อม

채소 [ผัก]

월   일

■ 다음을 쓰는 순서에 맞게 따라 쓰세요.
(โปรดเขียนคำต่อไปนี้ตามลำดับการเขียน)

무					
상	추				
양	파				
부	추				
감	자				

무 หัวไชเท้า

상추 ผักกาดหอม

양파 หัวหอม

부추 กุยช่าย

감자 มันฝรั่ง

O3
채소 [ผัก]

월   일

■ 다음을 쓰는 순서에 맞게 따라 쓰세요.
（โปรดเขียนคำต่อไปนี้ตามลำดับการเขียน）

오	이				
파					
가	지				
고	추				
양	배	추			

오이 แตงกวา

파 ต้นหอม

가지 มะเขือยาว

고추 พริก

양배추 กะหล่ำปลี

직업 [อาชีพ]

월   일

■ 다음을 쓰는 순서에 맞게 따라 쓰세요.
(โปรดเขียนคำต่อไปนี้ตามลำดับการเขียน)

경	찰	관			

경찰관 ตำรวจ

소	방	관			

소방관 นักดับเพลิง

요	리	사			

요리사 คนครัว

환	경	미	화	원	

환경미화원
พนักงานทำความสะอาด

화	가				

화가 ศิลปิน

직업 [อาชีพ]

월   일

■ 다음을 쓰는 순서에 맞게 따라 쓰세요.
(โปรดเขียนคำต่อไปนี้ตามลำดับการเขียน)

간	호	사				
회	사	원				
미	용	사				
가	수					
소	설	가				

간호사 พยาบาล

회사원 พนักงานบริษัท

미용사 ช่างเสริมสวย

가수 นักร้อง

소설가 นักประพันธ์นิยาย

04

직업 [อาชีพ]

월   일

■ 다음을 쓰는 순서에 맞게 따라 쓰세요.
(โปรดเขียนคำต่อไปนี้ตามลำดับการเขียน)

의	사				

의사 หมอ

선	생	님			

선생님 คุณครู

주	부				

주부 แม่บ้าน

운	동	선	수		

운동선수 นักกีฬา

우	편	집	배	원	

우편집배원 บุรุษไปรษณีย์

■ 다음을 쓰는 순서에 맞게 따라 쓰세요.
(โปรดเขียนคำต่อไปนี้ตามลำดับการเขียน)

김	치	찌	개			
미	역	국				
김	치	볶	음	밥		
돈	가	스				
국	수					

김치찌개 ซุปกิมจิ

미역국 ซุปสาหร่าย

김치볶음밥 ข้าวผัดกิมจิ

돈가스 ทงคัตสึ

국수 ก๋วยเตี๋ยว

05 음식 [อาหาร]

월   일

■ 다음을 쓰는 순서에 맞게 따라 쓰세요.
(โปรดเขียนคำต่อไปนี้ตามลำดับการเขียน)

된	장	찌	개			

된장찌개 ซุปเต้าเจี้ยว

불	고	기				

불고기 บุลโกกี

김	밥					

김밥 คิมบับ

라	면					

라면 รามยอน

떡						

떡 ต๊อก

음식 [อาหาร]

월   일

■ 다음을 쓰는 순서에 맞게 따라 쓰세요.
(โปรดเขียนคำต่อไปนี้ตามลำดับการเขียน)

순	두	부	찌	개		

순두부찌개 ซุปเต้าหู้อ่อน

비	빔	밥				

비빔밥 บิบิมบับ

만	두					

만두 เกี๊ยว

피	자					

피자 พิซซ่า

케	이	크				

케이크 เค้ก

06 **위치** [ตำแหน่ง]

월   일

■ 다음을 쓰는 순서에 맞게 따라 쓰세요.
（โปรดเขียนคำต่อไปนี้ตามลำดับการเขียน）

앞						
뒤						
위						
아	래					
오	른	쪽				

앞 ด้านหน้า

뒤 ด้านหลัง

위 ด้านบน

아래 ด้านล่าง

오른쪽 ด้านขวา

위치 [ตำแหน่ง]

월   일

■ 다음을 쓰는 순서에 맞게 따라 쓰세요.
(โปรดเขียนคำต่อไปนี้ตามลำดับการเขียน)

왼	쪽					
옆						
안						
밖						
밑						

왼쪽 ด้านซ้าย

옆 ด้านข้าง

안 ด้านใน

밖 ด้านนอก

밑 ด้านล่าง

06 위치 [ตำแหน่ง]

월 일

■ 다음을 쓰는 순서에 맞게 따라 쓰세요.
(โปรดเขียนคำต่อไปนี้ตามลำดับการเขียน)

사	이					
동	쪽					
서	쪽					
남	쪽					
북	쪽					

사이 ระหว่าง

동쪽 ทิศตะวันออก

서쪽 ทิศตะวันตก

남쪽 ทิศใต้

북쪽 ทิศเหนือ

탈것 [พาหนะ]

■ 다음을 쓰는 순서에 맞게 따라 쓰세요.
(โปรดเขียนคำต่อไปนี้ตามลำดับการเขียน)

버 스					
비 행 기					
배					
오 토 바 이					
소 방 차					

버스 รถเมล์

비행기 เครื่องบิน

배 เรือ

오토바이 รถมอเตอร์ไซค์

소방차 รถดับเพลิง

07 탈것 [พาหนะ]

■ 다음을 쓰는 순서에 맞게 따라 쓰세요.
（โปรดเขียนคำต่อไปนี้ตามลำดับการเขียน）

자	동	차			
지	하	철			
기	차				
헬	리	콥	터		
포	클	레	인		

자동차 รถยนต์

지하철 รถไฟฟ้าใต้ดิน

기차 รถไฟ

헬리콥터 เฮลิคอปเตอร์

포클레인 รถขุดเจาะ

탈것 [พาหนะ]

월   일

■ 다음을 쓰는 순서에 맞게 따라 쓰세요.
(โปรดเขียนคำต่อไปนี้ตามลำดับการเขียน)

택 시				
자 전 거				
트 럭				
구 급 차				
기 구				

택시 แท็กซี่

자전거 จักรยาน

트럭 รถบรรทุก

구급차 รถพยาบาล

기구 บอลลูน

08 장소 [สถานที่]

월　일

■ 다음을 쓰는 순서에 맞게 따라 쓰세요.
　(โปรดเขียนคำต่อไปนี้ตามลำดับการเขียน)

집							

집 บ้าน

학	교						

학교 โรงเรียน

백	화	점					

백화점 ห้างสรรพสินค้า

우	체	국					

우체국 ไปรษณีย์

약	국						

약국 ร้านขายยา

■ 다음을 쓰는 순서에 맞게 따라 쓰세요.
(โปรดเขียนคำต่อไปนี้ตามลำดับการเขียน)

시	장				

시장 ตลาด

식	당				

식당 ร้านอาหาร

슈	퍼	마	켓		

슈퍼마켓 ซุปเปอร์มาเก็ต

서	점				

서점 ร้านหนังสือ

공	원				

공원 สวนสาธารณะ

장소 [สถานที่]

월   일

■ 다음을 쓰는 순서에 맞게 따라 쓰세요.
(โปรดเขียนคำต่อไปนี้ตามลำดับการเขียน)

은	행				
병	원				
문	구	점			
미	용	실			
극	장				

은행 ธนาคาร

병원 โรงพยาบาล

문구점 ร้านเครื่องเขียน

미용실 ร้านทำผม

극장 โรงละคร

계절, 날씨 [ฤดูกาล, อากาศ]

월　　일

■ 다음을 쓰는 순서에 맞게 따라 쓰세요.
（โปรดเขียนคำต่อไปนี้ตามลำดับการเขียน）

봄					
여 름					
가 을					
겨 울					
맑 다					

봄 ฤดูใบไม้ผลิ

여름 ฤดูร้อน

가을 ฤดูใบไม้ร่วง

겨울 ฤดูหนาว

맑다 ปลอดโปร่ง

09 계절, 날씨 [ฤดูกาล, อากาศ]

월   일

■ 다음을 쓰는 순서에 맞게 따라 쓰세요.
(โปรดเขียนคำต่อไปนี้ตามลำดับการเขียน)

흐	리	다			

흐리다 อึมครึม

바	람	이	분	다	

바람이 분다 ลมพัด

비	가	온	다		

비가 온다 ฝนตก

비	가	그	친	다	

비가 그친다 ฝนหยุด

눈	이	온	다		

눈이 온다 หิมะตก

09 계절, 날씨 [ฤดูกาล, อากาศ]

월   일

■ 다음을 쓰는 순서에 맞게 따라 쓰세요.
(โปรดเขียนคำต่อไปนี้ตามลำดับการเขียน)

구	름	이		낀	다		

구름이 낀다 มีเมฆ

덥	다						

덥다 ร้อน

춥	다						

춥다 หนาว

따	뜻	하	다				

따뜻하다 อบอุ่น

시	원	하	다				

시원하다 เย็นสบาย

10 # 집 안의 사물 [สิ่งของภายในบ้าน]

월   일

■ 다음을 쓰는 순서에 맞게 따라 쓰세요.
　(โปรดเขียนคำต่อไปนี้ตามลำดับการเขียน)

소	파					

소파 โซฟา

욕	조					

욕조 อ่างอาบน้ำ

거	울					

거울 กระจก

샤	워	기				

샤워기 ฝักบัวอาบน้ำ

변	기					

변기 โถส้วม

집 안의 사물 [สิ่งของภายในบ้าน]

월   일

■ 다음을 쓰는 순서에 맞게 따라 쓰세요.
(โปรดเขียนคำต่อไปนี้ตามลำดับการเขียน)

싱	크	대			

싱크대 ซิงค์

부	엌				

부엌 ห้องครัว

거	실				

거실 ห้องนั่งเล่น

안	방				

안방 ห้องนอน

옷	장				

옷장 ตู้เสื้อผ้า

집 안의 사물 [สิ่งของภายในบ้าน]

월 일

■ 다음을 쓰는 순서에 맞게 따라 쓰세요.
(โปรดเขียนคำต่อไปนี้ตามลำดับการเขียน)

화	장	대			
식	탁				
책	장				
작	은	방			
침	대				

화장대 โต๊ะเครื่องแป้ง

식탁 โต๊ะรับประทานอาหาร

책장 ตู้หนังสือ

작은방 ห้องเล็ก

침대 เตียง

가족 명칭 [คำเรียกคนในครอบครัว]

월   일

■ 다음을 쓰는 순서에 맞게 따라 쓰세요.
(โปรดเขียนคำต่อไปนี้ตามลำดับการเขียน)

할	머	니				
할	아	버	지			
아	버	지				
어	머	니				
오	빠					

할머니 คุณย่า

할아버지 คุณปู่

아버지 คุณพ่อ

어머니 คุณแม่

오빠 พี่ชาย(ผู้หญิงเรียก)

가족 명칭 [คำเรียกคนในครอบครัว]

월   일

■ 다음을 쓰는 순서에 맞게 따라 쓰세요.
（โปรดเขียนคำต่อไปนี้ตามลำดับการเขียน）

형						
나						
남	동	생				
여	동	생				
언	니					

형 พี่ชาย(ผู้ชายเรียก)

나 ฉัน

남동생 น้องชาย

여동생 น้องสาว

언니 พี่สาว(ผู้หญิงเรียก)

가족 명칭 [คำเรียกคนในครอบครัว]

월   일

■ 다음을 쓰는 순서에 맞게 따라 쓰세요.
(โปรดเขียนคำต่อไปนี้ตามลำดับการเขียน)

누	나				

누나 พี่สาว(ผู้ชายเรียก)

삼	촌				

삼촌 คุณอา

고	모				

고모 คุณป้า

이	모				

이모 คุณน้า

이	모	부			

이모부 สามีคุณน้า

학용품 [อุปกรณ์การเรียน]

월   일

■ 다음을 쓰는 순서에 맞게 따라 쓰세요.
(โปรดเขียนคำต่อไปนี้ตามลำดับการเขียน)

공	책					
스	케	치	북			
색	연	필				
가	위					
풀						

공책 สมุดจด

스케치북 สมุดร่างภาพ

색연필 ดินสอสี

가위 กรรไกร

풀 กาว

학용품 [อุปกรณ์การเรียน]

월   일

■ 다음을 쓰는 순서에 맞게 따라 쓰세요.
(โปรดเขียนคำต่อไปนี้ตามลำดับการเขียน)

일기장 ไดอารี่	일	기	장				
연필 ดินสอ	연	필					
칼 มีด	칼						
물감 สีย้อม	물	감					
자 ไม้บรรทัด	자						

12 학용품 [อุปกรณ์การเรียน]

월 일

■ 다음을 쓰는 순서에 맞게 따라 쓰세요.
(โปรดเขียนคำต่อไปนี้ตามลำดับการเขียน)

색	종	이			

색종이 กระดาษสี

사	인	펜			

사인펜 ปากกาเมจิก

크	레	파	스		

크레파스 สีเทียน

붓					

붓 แปรง

지	우	개			

지우개 ยางลบ

13 꽃 [ดอกไม้]

■ 다음을 쓰는 순서에 맞게 따라 쓰세요.
(โปรดเขียนคำต่อไปนี้ตามลำดับการเขียน)

장미			
진달래			
민들레			
나팔꽃			
맨드라미			

장미 ดอกกุหลาบ

진달래 ดอกชินดัลแล

민들레 ดอกแดนดิไลออน

나팔꽃 ดอกผักบุ้ง

맨드라미 ดอกหงอนไก่

꽃 [ดอกไม้]

월 일

■ 다음을 쓰는 순서에 맞게 따라 쓰세요.
(โปรดเขียนคำต่อไปนี้ตามลำดับการเขียน)

개	나	리			

개나리 ดอกฟอร์ซิเทีย

벗	꽃				

벗꽃 ดอกซากุระ

채	송	화			

채송화 ดอกคุณนายตื่นสาย

국	화				

국화 ดอกเบญจมาศ

무	궁	화			

무궁화 ดอกมูกุงฮวา

꽃 [ดอกไม้]

월   일

■ 다음을 쓰는 순서에 맞게 따라 쓰세요.
(โปรดเขียนคำต่อไปนี้ตามลำดับการเขียน)

튤	립					
봉	숭	아				
해	바	라	기			
카	네	이	션			
코	스	모	스			

튤립 ดอกทิวลิป

봉숭아 เทียนดอก

해바라기 ดอกทานตะวัน

카네이션 ดอกคาเนชั่น

코스모스 ดอกดาวกระจาย

나라 이름 [ชื่อประเทศ]

월   일

■ 다음을 쓰는 순서에 맞게 따라 쓰세요.
（โปรดเขียนคำต่อไปนี้ตามลำดับการเขียน）

한	국					
필	리	핀				
일	본					
캄	보	디	아			
아	프	가	니	스	탄	

한국 เกาหลี

필리핀 ฟิลิปปินส์

일본 ญี่ปุ่น

캄보디아 กัมพูชา

아프가니스탄 อัฟกานิสถาน

나라 이름 [ชื่อประเทศ]

월 일

■ 다음을 쓰는 순서에 맞게 따라 쓰세요.
(โปรดเขียนคำต่อไปนี้ตามลำดับการเขียน)

중 국					
태 국					
베 트 남					
인 도					
영 국					

중국 จีน

태국 ไทย

베트남 เวียดนาม

인도 อินเดีย

영국 อังกฤษ

14 **나 라 이 름** [ชื่อประเทศ]

월 일

■ 다음을 쓰는 순서에 맞게 따라 쓰세요.
(โปรดเขียนคำต่อไปนี้ตามลำดับการเขียน)

| 미 | 국 | | | | |

미국 สหรัฐอเมริกา

| 몽 | 골 | | | | |

몽골 มองโกเลีย

| 우 | 즈 | 베 | 키 | 스 | 탄 |

우즈베키스탄 อุซเบกิสถาน

| 러 | 시 | 아 | | | |

러시아 รัสเซีย

| 캐 | 나 | 다 | | | |

캐나다 แคนาดา

악기 [เครื่องดนตรี]

■ 다음을 쓰는 순서에 맞게 따라 쓰세요.
　(โปรดเขียนคำต่อไปนี้ตามลำดับการเขียน)

기 타					
북					
트 라 이 앵 글					
하 모 니 카					
징					

기타 กีตาร์

북 กลอง

트라이앵글 ไทรแองเกิล

하모니카 หีบเพลงปาก

징 ฆ้อง

악기 [เครื่องดนตรี]

월   일

■ 다음을 쓰는 순서에 맞게 따라 쓰세요.
（โปรดเขียนคำต่อไปนี้ตามลำดับการเขียน）

피	아	노			

피아노 เปียโน

탬	버	린			

탬버린 แทมโบริน

나	팔				

나팔 แตร

장	구				

장구 กลองยาว

소	고				

소고 กลองตะโพน

악기 [เครื่องดนตรี]

월   일

■ 다음을 쓰는 순서에 맞게 따라 쓰세요.
(โปรดเขียนคำต่อไปนี้ตามลำดับการเขียน)

피	리

피리 ขลุ่ย

실	로	폰

실로폰 ไซโลโฟน

바	이	올	린

바이올린 ไวโอลิน

쨍	과	리

쨍과리 แกวงกวารี

가	야	금

가야금 คายากึม

옷 [เสื้อผ้า]

■ 다음을 쓰는 순서에 맞게 따라 쓰세요.
　(โปรดเขียนคำต่อไปนี้ตามลำดับการเขียน)

티	셔	츠			

티셔츠 เสื้อยืดแขนสั้น

바	지				

바지 กางเกง

점	퍼				

점퍼 เสื้อคลุม

정	장				

정장 ชุดสากลนิยม

와	이	셔	츠		

와이셔츠 เสื้อเชิ้ต

16 옷 [เสื้อผ้า]

■ 다음을 쓰는 순서에 맞게 따라 쓰세요.
(โปรดเขียนคำต่อไปนี้ตามลำดับการเขียน)

반	바	지				
코	트					
교	복					
블	라	우	스			
청	바	지				

반바지 กางเกงขาสั้น

코트 โค้ท

교복 ชุดนักเรียน

블라우스 เบลาส์

청바지 กางเกงยีนส์

옷 [เสื้อผ้า]

■ 다음을 쓰는 순서에 맞게 따라 쓰세요.
  (โปรดเขียนคำต่อไปนี้ตามลำดับการเขียน)

양복		
작업복		
스웨터		
치마		
한복		

양복 ชุดสูท

작업복 ชุดทำงาน

스웨터 สเวตเตอร์

치마 กระโปรง

한복 ฮันบก

17

색깔 [สี]

월   일

■ 다음을 쓰는 순서에 맞게 따라 쓰세요.
(โปรดเขียนคำต่อไปนี้ตามลำดับการเขียน)

빨	간	색				
주	황	색				
초	록	색				
노	란	색				
파	란	색				

빨간색 สีแดง

주황색 สีส้ม

초록색 สีเขียว

노란색 สีเหลือง

파란색 สีน้ำเงิน

색깔 [สี]

■ 다음을 쓰는 순서에 맞게 따라 쓰세요.
（โปรดเขียนคำต่อไปนี้ตามลำดับการเขียน）

보	라	색				
분	홍	색				
하	늘	색				
갈	색					
검	은	색				

보라색 สีม่วง

분홍색 สีชมพู

하늘색 สีฟ้า

갈색 สีน้ำตาล

검은색 สีดำ

18 취미 [งานอดิเรก]

■ 다음을 쓰는 순서에 맞게 따라 쓰세요.
(โปรดเขียนคำต่อไปนี้ตามลำดับการเขียน)

요	리				
노	래				
등	산				
영	화	감	상		
낚	시				

요리 ทำอาหาร

노래 ร้องเพลง

등산 ปีนเขา

영화감상 ดูหนัง

낚시 ตกปลา

취미 [งานอดิเรก]

월   일

■ 다음을 쓰는 순서에 맞게 따라 쓰세요.
(โปรดเขียนคำต่อไปนี้ตามลำดับการเขียน)

음	악	감	상			
게	임					
드	라	이	브			
여	행					
독	서					

음악감상 ฟังดนตรี

게임 เล่นเกม

드라이브 ขับรถเล่น

여행 ท่องเที่ยว

독서 อ่านหนังสือ

취미 [งานอดิเรก]

월   일

■ 다음을 쓰는 순서에 맞게 따라 쓰세요.
(โปรดเขียนคำต่อไปนี้ตามลำดับการเขียน)

쇼	핑				

쇼핑 ช้อปปิ้ง

운	동				

운동 ออกกำลังกาย

수	영				

수영 ว่ายน้ำ

사	진	촬	영		

사진촬영 ถ่ายรูป

악	기	연	주		

악기연주 เล่นดนตรี

19 운동 [กีฬา]

■ 다음을 쓰는 순서에 맞게 따라 쓰세요.
　(โปรดเขียนคำต่อไปนี้ตามลำดับการเขียน)

야	구				

야구 เบสบอล

배	구				

배구 วอลเลย์บอล

축	구				

축구 ฟุตบอล

탁	구				

탁구 ปิงปอง

농	구				

농구 บาสเกตบอล

운동 [กีฬา]

월   일

■ 다음을 쓰는 순서에 맞게 따라 쓰세요.
（โปรดเขียนคำต่อไปนี้ตามลำดับการเขียน）

골 프					
스 키					
수 영					
권 투					
씨 름					

골프 กอล์ฟ

스키 สกี

수영 ว่ายน้ำ

권투 ต่อยมวย

씨름 มวยปล้ำเกาหลี

운동 [กีฬา]

■ 다음을 쓰는 순서에 맞게 따라 쓰세요.
(โปรดเขียนคำต่อไปนี้ตามลำดับการเขียน)

테	니	스			

테니스 เทนนิส

레	슬	링			

레슬링 มวยปล้ำ

태	권	도			

태권도 เทควันโด

배	드	민	턴		

배드민턴 แบดมินตัน

스	케	이	트		

스케이트 สเก็ตน้ำแข็ง

월 일

■ 다음을 쓰는 순서에 맞게 따라 쓰세요.
(โปรดเขียนคำต่อไปนี้ตามลำดับการเขียน)

가 다					

가다 ไป

오 다					

오다 มา

먹 다					

먹다 กิน

사 다					

사다 ซื้อ

읽 다					

읽다 อ่าน

20 움직임 말(1) [คำกริยา (1)]

■ 다음을 쓰는 순서에 맞게 따라 쓰세요.
 (โปรดเขียนคำต่อไปนี้ตามลำดับการเขียน)

	씻	다			
씻다 ล้าง					
	자	다			
자다 นอน					
	보	다			
보다 ดู					
	일	하	다		
일하다 ทำงาน					
	만	나	다		
만나다 พบ					

움직임 말(1) [คำกริยา (1)]

월   일

■ 다음을 쓰는 순서에 맞게 따라 쓰세요.
(โปรดเขียนคำต่อไปนี้ตามลำดับการเขียน)

마	시	다				

마시다 ดื่ม

빨	래	하	다			

빨래하다 ซักผ้า

청	소	하	다			

청소하다 ทำความสะอาด

요	리	하	다			

요리하다 ทำอาหาร

공	부	하	다			

공부하다 เรียน

122 ● 태국어를 사용하는 국민을 위한 기초 한글 배우기
การเรียนรู้อันกึลพื้นฐานเพื่อผู้ใช้ภาษาไทย

움직임 말(2) [คำกริยา (2)]

■ 다음을 쓰는 순서에 맞게 따라 쓰세요.
(โปรดเขียนคำต่อไปนี้ตามลำดับการเขียน)

공	을		차	다		

공을 차다 เตะบอล

이	를		닦	다		

이를 닦다 แปรงฟัน

목	욕	을		하	다	

목욕을 하다 อาบน้ำ

세	수	를		하	다	

세수를 하다 ล้างหน้า

등	산	을		하	다	

등산을 하다 ปีนเขา

㉑ 움직임 말(2) [คำกริยา (2)]

월   일

■ 다음을 쓰는 순서에 맞게 따라 쓰세요.
(โปรดเขียนคำต่อไปนี้ตามลำดับการเขียน)

머	리	를		감	다		

머리를 감다 สระผม

영	화	를		보	다		

영화를 보다 ดูหนัง

공	원	에		가	다		

공원에 가다 ไปสวนสาธารณะ

여	행	을		하	다		

여행을 하다 เที่ยว

산	책	을		하	다		

산책을 하다 เดินเล่น

21 움직임 말(2) [คำกริยา (2)]

■ 다음을 쓰는 순서에 맞게 따라 쓰세요.
(โปรดเขียนคำต่อไปนี้ตามลำดับการเขียน)

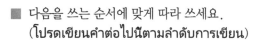

수	영	을		하	다

수영을 하다 ว่ายน้ำ

쇼	핑	을		하	다

쇼핑을 하다 ช้อปปิ้ง

사	진	을		찍	다

사진을 찍다 ถ่ายรูป

샤	워	를		하	다

샤워를 하다 อาบน้ำ

이	야	기	를		하	다

이야기를 하다 พูดคุย

움직임 말(3) [คำกริยา (3)]

월   일

■ 다음을 쓰는 순서에 맞게 따라 쓰세요.
(โปรดเขียนคำต่อไปนี้ตามลำดับการเขียน)

놀	다				
자	다				
쉬	다				
쓰	다				
듣	다				

놀다 เล่น

자다 นอน

쉬다 พัก

쓰다 เขียน

듣다 ฟัง

움직임 말(3) [คำกริยา (3)]

월 일

■ 다음을 쓰는 순서에 맞게 따라 쓰세요.
(โปรดเขียนคำต่อไปนี้ตามลำดับการเขียน)

	닫	다				

닫다 ปิด

	켜	다				

켜다 เปิด(ไฟ)

	서	다				

서다 ยืน

	앉	다				

앉다 นั่ง

	끄	다				

끄다 ปิด(ไฟ)

움직임 말(3) [คำกริยา (3)]

월 일

■ 다음을 쓰는 순서에 맞게 따라 쓰세요.
(โปรดเขียนคำต่อไปนี้ตามลำดับการเขียน)

열	다				

열다 เปิด

나	오	다			

나오다 ออกมา

배	우	다			

배우다 เรียนรู้

들	어	가	다		

들어가다 เข้าไป

가	르	치	다		

가르치다 สอน

움직임 말(3) [คำกริยา (3)]

월   일

■ 다음을 쓰는 순서에 맞게 따라 쓰세요.
(โปรดเขียนคำต่อไปนี้ตามลำดับการเขียน)

부르다				
달리다				
기다				
날다				
긁다				

부르다 เรียก

달리다 วิ่ง

기다 คลาน

날다 บิน

긁다 เกา

움직임 말(3) [คำกริยา (3)]

월   일

■ 다음을 쓰는 순서에 맞게 따라 쓰세요.
(โปรดเขียนคำต่อไปนี้ตามลำดับการเขียน)

찍다 ถ่าย

찍	다			

벌리다 กางออก

벌	리	다		

키우다 เลี้ยง

키	우	다		

갈다 เปลี่ยน

갈	다			

닦다 เช็ด

닦	다			

23 세는 말(단위) [คำที่เอาไว้นับ(ลักษณนาม)]

월   일

■ 다음을 쓰는 순서에 맞게 따라 쓰세요.
　(โปรดเขียนคำต่อไปนี้ตามลำดับการเขียน)

개					
대					
척					
송이					
그루					

개 อัน

대 เครื่อง

척 ลำ

송이 พวง

그루 ต้น

23 세는 말(단위) [คำที่เอาไว้นับ(ลักษณนาม)]

월   일

■ 다음을 쓰는 순서에 맞게 따라 쓰세요.
(โปรดเขียนคำต่อไปนี้ตามลำดับการเขียน)

상	자				
봉	지				
장					
병					
자	루				

상자 กล่อง

봉지 ถุง

장 แผ่น

병 ขวด

자루 แท่ง

세는 말(단위) [คำที่เอาไว้นับ(ลักษณนาม)]

월   일

■ 다음을 쓰는 순서에 맞게 따라 쓰세요.
  (โปรดเขียนคำต่อไปนี้ตามลำดับการเขียน)

벌					

벌 ตัว

켤	레				

켤레 คู่

권					

권 เล่ม

마	리				

마리 ตัว

잔					

잔 แก้ว

23 세는 말(단위) [คำที่เอาไว้นับ(ลักษณนาม)]

월   일

■ 다음을 쓰는 순서에 맞게 따라 쓰세요.
(โปรดเขียนคำต่อไปนี้ตามลำดับการเขียน)

	채					
채 หลัง	명					
명 คน	통					
통 กระป๋อง	가 마					
가마 กระสอบ	첩					
첩 เทียบ						

24 꾸미는 말(1) [คำวิเศษณ์ (1)]

월   일

■ 다음을 쓰는 순서에 맞게 따라 쓰세요.
(โปรดเขียนคำต่อไปนี้ตามลำดับการเขียน)

많다					
적다					
크다					
작다					
비싸다					

많다 มาก

적다 น้อย

크다 ใหญ่

작다 เล็ก

비싸다 แพง

꾸미는 말(1) [คำวิเศษณ์ (1)]

월   일

■ 다음을 쓰는 순서에 맞게 따라 쓰세요.
(โปรดเขียนคำต่อไปนี้ตามลำดับการเขียน)

싸	다				

싸다 ถูก

길	다				

길다 ยาว

짧	다				

짧다 สั้น

빠	르	다			

빠르다 เร็ว

느	리	다			

느리다 ช้า

꾸미는 말(1) [คำวิเศษณ์ (1)]

월   일

■ 다음을 쓰는 순서에 맞게 따라 쓰세요.
  (โปรดเขียนคำต่อไปนี้ตามลำดับการเขียน)

굵 다					
가 늘 다					
밝 다					
어 둡 다					
좋 다					

굵다 หนา

가늘다 บาง

밝다 สว่าง

어둡다 มืด

좋다 ดี

꾸미는 말(2) [คำวิเศษณ์ (2)]

월   일

■ 다음을 쓰는 순서에 맞게 따라 쓰세요.
(โปรดเขียนคำต่อไปนี้ตามลำดับการเขียน)

맵	다					
시	다					
가	볍	다				
좁	다					
따	뜻	하	다			

맵다 เผ็ด

시다 เปรี้ยว

가볍다 เบา

좁다 แคบ

따뜻하다 อุ่น

25 꾸미는 말(2) [คำวิเศษณ์ (2)]

월 일

■ 다음을 쓰는 순서에 맞게 따라 쓰세요.
(โปรดเขียนคำต่อไปนี้ตามลำดับการเขียน)

짜	다					

짜다 เค็ม

쓰	다					

쓰다 ขม

무	겁	다				

무겁다 หนัก

깊	다					

깊다 ลึก

차	갑	다				

차갑다 เย็น

꾸미는 말(2) [คำวิเศษณ์ (2)]

월   일

■ 다음을 쓰는 순서에 맞게 따라 쓰세요.
(โปรดเขียนคำต่อไปนี้ตามลำดับการเขียน)

달	다				

달다 หวาน

싱	겁	다			

싱겁다 จืด

넓	다				

넓다 กว้าง

얕	다				

얕다 ตื้น

귀	엽	다			

귀엽다 น่ารัก

26 기분을 나타내는 말 [คำบอกอารมณ์]

■ 다음을 쓰는 순서에 맞게 따라 쓰세요.
  (โปรดเขียนคำต่อไปนี้ตามลำดับการเขียน)

기	쁘	다					
슬	프	다					
화	나	다					
놀	라	다					
곤	란	하	다				

기쁘다 ดีใจ

슬프다 เศร้า

화나다 โมโห

놀라다 ตกใจ

곤란하다 ลำบาก

26 기분을 나타내는 말 [คำบอกอารมณ์]

월   일

■ 다음을 쓰는 순서에 맞게 따라 쓰세요.
（โปรดเขียนคำต่อไปนี้ตามลำดับการเขียน）

궁	금	하	다			

궁금하다 สงสัย

지	루	하	다			

지루하다 เบื่อ

부	끄	럽	다			

부끄럽다 เขินอาย

피	곤	하	다			

피곤하다 เหนื่อย

신	나	다				

신나다 ร่าเริง

27 높임말 [คำยกย่อง]

■ 다음을 쓰는 순서에 맞게 따라 쓰세요.
(โปรดเขียนคำต่อไปนี้ตามลำดับการเขียน)

집						
댁						
밥						
진	지					
병						
병	환					
말						
말	씀					
나	이					
연	세					

집 บ้าน → 댁 บ้าน

밥 ข้าว → 진지 ข้าว

병 โรคภัย → 병환 โรคภัย

말 คำพูด → 말씀 คำพูด

나이 อายุ → 연세 อายุ

높임말 [คำยกย่อง]

월   일

■ 다음을 쓰는 순서에 맞게 따라 쓰세요.
(โปรดเขียนคำต่อไปนี้ตามลำดับการเขียน)

생	일					
생	신					
있	다					
계	시	다				
먹	다					
드	시	다				
자	다					
주	무	시	다			
주	다					
드	리	다				

생일 วันเกิด → 생신 วันเกิด

있다 อยู่ → 계시다 อยู่

먹다 กิน → 드시다 รับประทาน

자다 นอน → 주무시다 นอน

주다 ให้ → 드리다 ให้

월   일

■ 다음을 쓰는 순서에 맞게 따라 쓰세요.
(โปรดเขียนคำต่อไปนี้ตามลำดับการเขียน)

눈					
발					
밤					
차					
비					

눈 ตา (단음)

눈 หิมะ (장음)

발 เท้า (단음)

발 มู่ลี่ (장음)

밤 กลางคืน (단음)

밤 เกาลัด (장음)

차 รถ (단음)

차 ชา (단음)

비 ฝน (단음)

비 ไม้กวาด (단음)

월 일

■ 다음을 쓰는 순서에 맞게 따라 쓰세요.
(โปรดเขียนคำต่อไปนี้ตามลำดับการเขียน)

말				
벌				
상				
굴				
배				

말 ม้า (단음)   말 คำพูด (장음)

벌 โทษ (단음)   벌 ผึ้ง (장음)

상 โต๊ะ (단음)   상 รางวัล (단음)

굴 หอยนางรม (단음)   굴 ถ้ำ (장음)

배 เรือ (단음)   배 ท้อง (단음)

소리가 같은 말(1)

[คำที่ออกเสียงเหมือนกัน (1)]

월   일

■ 다음을 쓰는 순서에 맞게 따라 쓰세요.
(โปรดเขียนคำต่อไปนี้ตามลำดับการเขียน)

다	리				
새	끼				
돌					
병					
바	람				

다리 สะพาน (단음)   **다리** ขา (단음)

새끼 ลูก (단음)   **새끼** เชือกฟาง (단음)

돌 หิน (장음)   **돌** วันเกิดครบหนึ่งปีของเด็ก (단음)

병 โรคภัย (장음)   **병** ขวด (단음)

바람 ลม (단음)   **바람** ความหวัง (단음)

■ 다음을 쓰는 순서에 맞게 따라 쓰세요.
(โปรดเขียนคำต่อไปนี้ตามลำดับการเขียน)

깨	다				
묻	다				
싸	다				
세	다				
차	다				

깨다 ตื่น (장음)   깨다 ทำให้แตก (단음)

묻다 ฝัง (단음)   묻다 ถาม (장음)

싸다 ถูก (단음)   싸다 ขับถ่าย (단음)

세다 นับ (장음)   세다 แข็งแรง (장음)

차다 เย็น (단음)   차다 เต็ม (단음)

소리가 같은 말(2)
[คำที่ออกเสียงเหมือนกัน (2)]

■ 다음을 쓰는 순서에 맞게 따라 쓰세요.
　(โปรดเขียนคำต่อไปนี้ตามลำดับการเขียน)

RIGHT

맞다 ถูกต้อง (단음)　　맞다 ถูกต่อยตี (단음)

맡다 รับมอบ (단음)　　맡다 ดม (단음)

쓰다 เขียน (단음)　　쓰다 ขม (단음)

맞	다				
맡	다				
쓰	다				

30 소리를 흉내 내는 말

[คำที่เลียนแบบเสียง]

월   일

■ 다음을 쓰는 순서에 맞게 따라 쓰세요.
(โปรดเขียนคำต่อไปนี้ตามลำดับการเขียน)

어 흥					
꿀 꿀					
야 옹					
꼬 꼬 댁					
꽥 꽥					

어흥

꿀꿀

야옹

꼬꼬댁

꽥꽥

30 소리를 흉내 내는 말

[คำที่เลียนแบบเสียง]

월   일

■ 다음을 쓰는 순서에 맞게 따라 쓰세요.
（โปรดเขียนคำต่อไปนี้ตามลำดับการเขียน）

붕					
매 앰					
부 르 릉					
딩 동					
빠 빠					

붕

매앰

부르릉

딩동

빠빠

부록　Appendix

■ 안녕하세요! K-한글(www.k-hangul.kr)입니다.
'외국인을 위한 기초 한글 배우기' 1호 기초 편에서 다루지 못한 내용을 부록 편에
다음과 같이 **40가지 주제별로** 수록하니, 많은 이용 바랍니다.

번호	주제	번호	주제	번호	주제
1	**숫자**(50개) Number(s)	16	**인칭 대명사**(14개) Personal pronouns	31	**물건 사기**(30개) Buying Goods
2	**연도**(15개) Year(s)	17	**지시 대명사**(10개) Demonstrative pronouns	32	**전화하기**(21개) Making a phone call
3	**월**(12개) Month(s)	18	**의문 대명사**(10개) Interrogative pronouns	33	**인터넷**(20개) Words related to the Internet
4	**일**(31개) Day(s)	19	**가족**(24개) Words related to Family	34	**건강**(35개) Words related to health
5	**요일**(10개) Day of a week	20	**국적**(20개) Countries	35	**학교**(51개) Words related to school
6	**년**(20개) Year(s)	21	**인사**(5개) Phrases related to greetings	36	**취미**(28개) Words related to hobby
7	**개월**(12개) Month(s)	22	**작별**(5개) Phrases related to bidding farewell	37	**여행**(35개) Travel
8	**일(간), 주일(간)**(16개) Counting Days	23	**감사**(3개) Phrases related to expressing gratitude	38	**날씨**(27개) Weather
9	**시**(20개) Units of Time(hours)	24	**사과**(7개) Phrases related to making an apology	39	**은행**(25개) Words related to bank
10	**분**(16개) Units of Time(minutes)	25	**요구, 부탁**(5개) Phrases related to asking a favor	40	**우체국**(14개) Words related to post office
11	**시간**(10개) Hour(s)	26	**명령, 지시**(5개) Phrases related to giving instructions		
12	**시간사**(25개) Words related to Time	27	**칭찬, 감탄**(7개) Phrases related to compliment and admiration		
13	**계절**(4개) seasons	28	**환영, 축하, 기원**(10개) Phrases related to welcoming, congratulating and blessing		
14	**방위사**(14개) Words related to directions	29	**식당**(30개) Words related to Restaurant		
15	**양사**(25개) quantifier	30	**교통**(42개) Words related to transportation		

MP3	주제	단어
	1. 숫자	1, 2, 3, 4, 5, / 6, 7, 8, 9, 10, / 11, 12, 13, 14, 15, / 16, 17, 18, 19, 20, / 21, 22, 23, 24, 25, / 26, 27, 28, 29, 30, / 31, 40, 50, 60, 70, / 80, 90, 100, 101, 102, / 110, 120, 130, 150, 천, / 만, 십만, 백만, 천만, 억
	2. 연도	1999년, 2000년, 2005년, 2010년, 2015년, / 2020년, 2023년, 2024년, 2025년, 2026년, / 2030년, 2035년, 2040년, 2045년, 2050년
	3. 월	1월, 2월, 3월, 4월, 5월, / 6월, 7월, 8월, 9월, 10월, / 11월, 12월
	4. 일	1일, 2일, 3일, 4일, 5일, / 6일, 7일, 8일, 9일, 10일, / 11일, 12일, 13일, 14일, 15일, / 16일, 17일, 18일, 19일, 20일, / 21일, 22일, 23일, 24일, 25일, / 26일, 27일, 28일, 29일, 30일, / 31일
	5. 요일	월요일, 화요일, 수요일, 목요일, 금요일, / 토요일, 일요일, 공휴일, 식목일, 현충일
	6. 년	1년, 2년, 3년, 4년, 5년, / 6년, 7년, 8년, 9년, 10년, / 15년, 20년, 30년, 40년, 50년, / 100년, 200년, 500년, 1000년, 2000년
	7. 개월	1개월(한 달), 2개월(두 달), 3개월(석 달), 4개월(네 달), 5개월(다섯 달), / 6개월(여섯 달), 7개월(일곱 달), 8개월(여덟 달), 9개월(아홉 달), 10개월(열 달), / 11개월(열한 달), 12개월(열두 달)
	8. 일(간), 주일(간)	하루(1일), 이틀(2일), 사흘(3일), 나흘(4일), 닷새(5일), / 엿새(6일), 이레(7일), 여드레(8일), 아흐레(9일), 열흘(10일), / 10일(간), 20일(간), 30일(간), 100일(간), 일주일(간), / 이 주일(간)
	9. 시	1시, 2시, 3시, 4시, 5시, / 6시, 7시, 8시, 9시, 10시, / 11시, 12시, 13시(오후 1시), 14시(오후 2시), 15시(오후 3시), / 18시(오후 6시), 20시(오후 8시), 22시(오후 10시), 24시(오후 12시)
	10. 분	1분, 2분, 3분, 4분, 5분, / 10분, 15분, 20분, 25분, 30분(반 시간), / 35분, 40분, 45분, 50분, 55분, / 60분(1시간)

MP3	주제	단어
	11. 시간	**반 시간**(30분), **1시간, 1시간 반**(1시간 30분), **2시간, 3시간, / 4시간, 5시간, 10시간, 12시간, 24시간**
	12.시간사	**오전, 정오, 오후, 아침, 점심, / 저녁, 지난주, 이번 주, 다음 주, 지난달, / 이번 달, 다음날, 재작년, 작년, 올해, / 내년, 내후년, 그저께**(이틀 전날), **엊그제**(바로 며칠 전), **어제**(오늘의 하루 전날), **/ 오늘, 내일**(1일 후), **모레**(2일 후), **글피**(3일 후), **그글피**(4일 후)
	13. 계절	**봄**(春), **여름**(夏), **가을**(秋), **겨울**(冬)
	14.방위사	**동쪽, 서쪽, 남쪽, 북쪽, 앞쪽, / 뒤쪽, 위쪽, 아래쪽, 안쪽, 바깥쪽, / 오른쪽, 왼쪽, 옆, 중간**
	15. 양사	**개**(사용 범위가 가장 넓은 개체 양사), **장**(평면이 있는 사물), **척**(배를 세는 단위), **마리**(날짐승이나 길짐승), **자루, / 다발**(손에 쥘 수 있는 물건), **권**(서적 류), **개**(물건을 세는 단위), **갈래, 줄기**(가늘고 긴 모양의 사물이나 굽은 사물), **/ 건**(사건), **벌**(의복), **쌍, 짝, 켤레, / 병, 조각**(덩어리, 모양의 물건), **원**(화폐), **대**(각종 차량), **대**(기계, 설비 등), **근**(무게의 단위), **킬로그램**(힘의 크기, 무게를 나타내는 단위), **번**(일의 차례나 일의 횟수를 세는 단위), **차례**(단순히 반복적으로 발생하는 동작), **식사**(끼)
	16. 인칭 대명사	인칭 대명사 : 사람의 이름을 대신하여 나타내는 대명사. **나, 너, 저, 당신, 우리, / 저희, 여러분, 너희, 그, 그이, / 저분, 이분, 그녀, 그들**
	17. 지시 대명사	지시 대명사 : 사물이나 장소의 이름을 대신하여 나타내는 대명사. **이것, 이곳, 저것, 저곳, 저기, / 그것**(사물이나 대상을 가리킴), **여기, 무엇**(사물의 이름), **거기**(가까운 곳, 이미 이야기한 곳), **어디**(장소의 이름)
	18. 의문 대명사	의문 대명사 : 물음의 대상을 나타내는 대명사. **누구**(사람의 정체), **몇**(수효), **어느**(둘 이상의 것 가운데 대상이 되는 것), **어디**(처소나 방향), **무엇**(사물의 정체), **/ 언제, 얼마, 어떻게**(어떤 방법, 방식, 모양, 형편, 이유), **어떤가?, 왜**(무슨 까닭으로, 어떤 사실에 대하여 확인을 요구할 때)
	19. 가족	**할아버지, 할머니, 아버지, 어머니, 남편, / 아내, 딸, 아들, 손녀, 손자, / 형제자매, 형, 오빠, 언니, 누나, / 여동생, 남동생, 이모, 이모부, 고모, / 고모부, 사촌, 삼촌, 숙모**
	20. 국적	**국가, 나라, 한국, 중국, 대만, / 일본, 미국, 영국, 캐나다, 인도네시아, / 독일, 러시아, 이탈리아, 프랑스, 인도, / 태국, 베트남, 캄보디아, 몽골, 라오스**

MP3	주제	단어
	21. 인사	안녕하세요!, 안녕하셨어요?, 건강은 어떠세요?, 그에게 안부 전해주세요, 굿모닝!
	22. 작별	건강하세요, 행복하세요, 안녕(서로 만나거나 헤어질 때), 내일 보자, 다음에 보자.
	23. 감사	고마워, 감사합니다, 도와주셔서 감사드립니다.
	24. 사과	미안합니다, 괜찮아요!, 죄송합니다, 정말 죄송합니다, 모두 다 제 잘못입니다, / 오래 기다리셨습니다, 유감이네요.
	25. 요구, 부탁	잠시 기다리세요, 저 좀 도와주세요, 좀 빨리해 주세요, 문 좀 닫아주세요, 술 좀 적게 드세요.
	26. 명령, 지시	일어서라!, 들어오시게, 늦지 말아라, 수업 시간에는 말하지 마라, 금연입니다.
	27. 칭찬, 감탄	정말 잘됐다!, 정말 좋다, 정말 대단하다, 진짜 잘한다!, 정말 멋져!, / 솜씨가 보통이 아니네!, 영어를 잘하는군요. ※감탄사의 종류(감정이나 태도를 나타내는 단어) : 아하, 헉, 우와, 아이고, 아차, 앗, 어머, 저런, 여보, 야, 아니요, 네, 예, 그래, 얘 등
	28. 환영, 축하, 기원	환영합니다!, 또 오세요, 생일 축하해!, 대입 합격 축하해!, 축하드려요, / 부자 되세요, 행운이 깃드시길 바랍니다, 만사형통하시길 바랍니다, 건강하세요, 새해 복 많이 받으세요!
	29. 식당	음식, 야채, 먹다, 식사 도구, 메뉴판, / 세트 요리, 종업원, 주문하다, 요리를 내오다, 중국요리, / 맛, 달다, 담백하다, 맵다, 새콤달콤하다, / 신선하다, 국, 탕, 냅킨, 컵, / 제일 잘하는 요리, 계산, 잔돈, 포장하다, 치우다, / 건배, 맥주, 술집, 와인, 술에 취하다.
	30. 교통	말씀 좀 묻겠습니다, 길을 묻다, 길을 잃다, 길을 건너가다, 지도, / 부근, 사거리, 갈아타다, 노선, 버스, / 몇 번 버스, 정거장, 줄을 서다, 승차하다, 승객, / 차비, 지하철, 환승하다, 1호선, 좌석, / 출구, 택시, 택시를 타다, 차가 막히다, 차를 세우다, / 우회전, 좌회전, 유턴하다, 기차, 기차표, / 일반 침대석, 일등 침대석, 비행기, 공항, 여권, / 주민등록증, 연착하다, 이륙, 비자, 항공사, / 안전벨트, 현지시간

MP3	주제	단어
	31. 물건 사기	손님, 서비스, 가격, 가격 흥정, 노점, / 돈을 내다, 물건, 바겐세일, 싸다, 비싸다, / 사이즈, 슈퍼마켓, 얼마예요?, 주세요, 적당하다, / 점원, 품질, 백화점, 상표, 유명 브랜드, / 선물, 영수증, 할인, 반품하다, 구매, / 사은품, 카드 결제하다, 유행, 탈의실, 계산대
	32. 전화하기	여보세요, 걸다, (다이얼을)누르다, OO 있나요?, 잘못 걸다, / 공중전화, 휴대전화 번호, 무료 전화, 국제전화, 국가번호, / 지역번호, 보내다, 문자 메시지, 시외전화, 전화받다, / 전화번호, 전화카드, 통화 중, 통화 요금, 휴대전화, / 스마트폰
	33. 인터넷	인터넷, 인터넷에 접속하다, 온라인게임, 와이파이, 전송하다, / 데이터, 동영상, 아이디, 비밀번호, 이메일, / 노트북, 검색하다, 웹사이트, 홈페이지 주소, 인터넷 쇼핑, / 업로드, 다운로드, pc방, 바이러스, 블로그
	34. 건강	병원, 의사, 간호사, 진찰하다, 수술, / 아프다, 환자, 입원, 퇴원, 기침하다, / 열나다, 체온, 설사가 나다, 콧물이 나다, 목이 아프다, / 염증을 일으키다, 건강, 금연하다, 약국, 처방전, / 비타민, 복용하다, 감기, 감기약, 마스크, / 비염, 고혈압, 골절, 두통, 알레르기, / 암, 전염병, 정신병, 혈액형, 주사 놓다
	35. 학교	초등학교, 중학교, 고등학교, 중·고등학교, 대학교, / 교실, 식당, 운동장, 기숙사, 도서관, / 교무실, 학생, 초등학생, 중학생, 고등학생, / 대학생, 유학생, 졸업생, 선생님, 교사, / 교장, 교수, 국어, 수학, 영어, / 과학, 음악, 미술, 체육, 입학하다, / 졸업하다, 학년, 전공, 공부하다, 수업을 시작하다, / 수업을 마치다, 출석을 부르다, 지각하다, 예습하다, 복습하다, / 숙제를 하다, 시험을 치다, 합격하다, 중간고사, 기말고사, / 여름방학, 겨울방학, 성적, 교과서, 칠판, / 분필
	36. 취미	축구 마니아, ○○마니아, 여가 시간, 좋아하다, 독서, / 음악 감상, 영화 감상, 텔레비전 시청, 연극 관람, 우표 수집, / 등산, 바둑, 노래 부르기, 춤추기, 여행하기, / 게임하기, 요리, 운동, 야구(하다), 농구(하다), / 축구(하다), 볼링(치다), 배드민턴(치다), 탁구(치다), 스키(타다), / 수영(하다), 스케이팅, 태권도
	37. 여행	여행(하다), 유람(하다), 가이드, 투어, 여행사, / 관광명소, 관광특구, 명승지, 기념품, 무료, / 유료, 할인티켓, 고궁, 경복궁, 남산, / 한국민속촌, 호텔, 여관, 체크인, 체크아웃, / 빈 방, 보증금, 숙박비, 호실, 팁, / 싱글룸, 트윈룸, 스탠더드룸, 1박하다, 카드 키, / 로비, 룸서비스, 식당, 뷔페, 프런트 데스크
	38. 날씨	일기예보, 기온, 최고기온, 최저기온, 온도, / 영상, 영하, 덥다, 따뜻하다, 시원하다, / 춥다, 흐린 날씨, 맑은 날, 비가 오다, 눈이 내리다, / 건조하다, 습하다, 가랑비, 구름이 많이 끼다, 보슬비, / 천둥치다, 번개, 태풍, 폭우, 폭설, / 황사, 장마
	39. 은행	예금하다, 인출하다, 환전하다, 송금하다, 예금주, / 예금통장, 계좌, 계좌번호, 원금, 이자, / 잔여금액, 비밀번호, 현금카드, 현금 인출기, 수수료, / 현금, 한국 화폐, 미국 달러, 외국 화폐, 환율, / 환전소, 신용카드, 대출, 인터넷뱅킹, 폰뱅킹

MP3	주제	단어
	40. 우체국	편지, 편지봉투, 소포, 부치다, 보내는 사람, / 받는 사람, 우편물, 우편번호, 우편요금, 우체통, / 우표, 주소, 항공우편, EMS

1. 영어로 한글배우기
Learning Korean in English

2. 베트남어로 한글배우기
Học tiếng Hàn bằng tiếng Việt

3. 몽골어로 한글배우기
Монгол хэл дээр солонгос
цагаан толгой сурах

4. 일본어로 한글배우기
日本語でハングルを学ぼう

5. 스페인어로 한글배우기(유럽연합)
APRENDER COREANO EN
ESPAÑOL

6. 프랑스어로 한글배우기
Apprendre le coréen en
français

7. 러시아어로 한글배우기
Изучение хангыля
на русском языке

8. 중국어로 한글배우기
用中文学习韩文

9. 독일어로 한글배우기
Koreanisch lernen auf Deutsch

10. 태국어로 한글배우기
เรียนฮันกึลด้วยภาษาไทย

11. 힌디어로 한글배우기
हिंदी में हंगउल सीखना

12. 아랍어로 한글배우기
تعلم اللغة الكورية بالعربية

13. 페르시아어로 한글배우기
یادگیری کرهای از طریق فارسی

14. 튀르키예어로 한글배우기
Hangıl'ı **Türkçe** Öğrenme

15. 포르투칼어로 한글배우기
Aprendendo Coreano em
Português

16. 스페인어로 한글배우기(남미)
Aprendizaje de coreano en
español

태국어를 사용하는 국민을 위한 기초 한글 배우기

한글배우기 ❶ 기초편

2024년 10월 9일 초판 1쇄 발행

발행인 | 배영순
저자 | 권용선(權容璿), ผู้แต่ง: ควอนยงซอน
펴낸곳 | 홍익교육, สถานที่จัดพิมพ์: การศึกษาฮงอิก ประเทศเกาหลีใต้
기획·편집 | 아이한글 연구소
출판등록 | 2010-10호
주소 | 경기도 광명시 광명동 747-19 리츠펠리스 비동 504호
전화 | 02-2060-4011
홈페이지 | www.k-hangul.kr
E-mail | kwonys15@naver.com
정가 | 14,000원
ISBN 979-11-88505-56-2 / 13710